à conserver

2531

Ye

1238

TRISTAN LHERMITE GENTILHOMME DE LA MARCHE.

Eleué dans la Cour dés ma tendre Ieunesse,
I'abordāy la Fortune et n'en eus iamais rien;
Car i'aimay la Vertu, cette ingrate Maistresse,
Qui fait chercher la Gloire et mespriser le Bien.

du Guernier delin.   Daret Cælauit   1648.

POESIES GALANTES ET HEROIQVES

DV SIEVR TRISTAN L'HERMITE,

CONTENANT

Ses Amours.
Sa Lyre.
Les Plaintes d'Acante.
La Maison d'Astrée.
La Belle Gueuse.
L'Aueugle Amoureux.
Les Terreurs Nocturnes.

Diuerses Chansons.
La Comedie des Fleurs.
L'Amour trauesty.
La belle Ingrate.
Epistre Burlesque.
La Seruitude.
La belle Gorge.

Et autres Pieces curieuses sur differents sujets.

Enrichies de Figures.

A PARIS,

Chez IEAN BAPTISTE LOYSON, ruë S. Iacques à la Croix Royale.

M. DC. LXII.

AVEC PRIVILEGE DV ROY.

AVIS AV LECTEVR SVR LE SVIET DES PLAINTES D'ACANTE.

Ovs ce voile paſtoral des PLAINTES D'ACANTE, on a voulu deſguiſer les Amours d'vn Caualier de merite & de condition, qui ſortit d'vn pere illuſtre, pour la valleur, s'eſt touſiours nourry dás l'ambition de l'imiter. Ie te diray que ſa Maiſtreſſe eſt vne des plus parfaites du môde, & que l'on y treuue tout enſemble, vne grande naiſſance, des vertus rares & des beautez merueilleuſes: de ſorte qu'il ſemble qu'à l'enuy la Nature & le Ciel ce ſoient efforcez à qui luy feroit le plus de graces: ſa preſence eſt vn charme ineuitable aux belles ames, & les moindres de ſes actions ſont extremement rauiſſantes. Or tu ſçais que la rigueur

ã ij

est assez ordinaire aux Belles, & qu'entre les plus precieux ornemens de ce Sexe, on donne le premier rang à cette honneste seuerité qui met superbemēt des espines à l'entour des roses. Nostre Bergere est trop accomplie pour en manquer, & c'est le suiet de toutes ces plaintes. Acante qui la void indifferente à tous ses seruices, explique ses froideurs à quelque espece de mespris, aprehéde que ses deuoirs ne luy soient pas agreables : & qu'il ne puisse voir reüssir les vœux qu'il fait pour cette hymenée : Il se forme de ces pensées, mille matieres de douleur. Et se laissant emporter aux mouuemens de son amoureux Genie, tasche par toutes sortes d'artifices, de represēter sa passion, & de porter insensiblement sa Syluie à faire plus d'Estat de ses soins. Au reste ie t'auertis que cet Ouurage n'est point fait à l'vsage de tout le monde, & que s'il y a icy de mauuais vers, ils ne sont pas toutesfois de la Iurisdiction des esprits vulgaires, encore qu'il m'importe peu s'ils sont condemnez mal à propos, par des Iuges qui ne seroient pas capables de les fauoriser de bonne grace. Ie m'asseure que les honnestes gens y treuueront au moins des choses assez agreables, pour auoüer que tous les exilez qui ont escrit d'Amour, depuis l'ingenieux Ouide, n'ont pas mieux employé de tristes loisirs.

A SYLVIE.
MADRIGAL.

Pour nous exprimer à la fois
Toutes les rigueurs de ses lois
Et tout l'honneur de son Empire ;
Amour, en ces vers à depeint
Ce triste Berger qui soupire,
Nommant vos yeux & vostre teint
Les Ministres de son martyre.

EXTRAIT DV PRIVILEGE DV ROY.

PAr grace & Priuilege du Roy, signé Patu : Il est permis à I. B. LOYSON, Marchand Libraire à Paris, d'imprimer ou faire imprimer, vendre & debiter *Les Vers Heroiques du sieur Tristan L'Hermite, auec ses Amours, sa Lyre & les Plaintes d'Acante, &c.* & ce pour le temps & espace de neuf années, à commencer du iour que lesdits Traitez seront acheuez d'imprimer, & deffenses sont faites à tous Libraires, Imprimeurs & autres personnes de quelle qualité & condition qu'elles soient ; d'imprimer où faire imprimer lesdits Ouurages, à peine de trois mille liures d'amende par chacun des contreuenans, & confiscation de tous les exemplaires contrefaits, & de tous despens dommages & interests, ainsi qu'il est porté plus au long esdites lettres de Priuilege. Donné à Paris le 28. iour de Ianuier, l'an de grace 1658.

Regiftré sur le Liure de la Communauté des Libraires & Imprimeurs, suiuant l'Arrest de la Cour de Parlement. Fait à Paris le 4. May 1658. Signé, D. BECHET, Sindic.

A MONSIEVR TRISTAN
sur ses Plaintes d'Acante.
SONNET.

TRistan que ton Berger se plaint de bonne grace,
 Que sa douleur est belle auecque l'ornement
Dont tes vers ont paré le rigoureux tourment
Qui luy ronge l'esprit & luy pastist la face.

Si leur viue douceur qui tout autre surpasse;
N'obtient de sa Bergere vn plus doux traittement,
Il faut que sa beauté manque de sentiment,
Et qu'en vn corps de neige elle ayt vn cœur de glace.

Vne plainte formée en de si beaux accens,
Par ie ne sçay quel charme, a rangé tous mes sens
Sous vne nouueauté que ie ne puis comprendre :

Certes c'est vne prodige à nul autre pareil,
On y void les soupirs, comme on fait le Soleil,
 Les cris y sont muets, les pleurs s'y font entendre.

PLAINTES
D'ACANTE.
STANCES.

N jour que le Primtemps rioit entre les fleurs,
   Acante qui n'a rien que des soucis dans l'ame,
Pour fleschir ses destins, faisoit parler ses pleurs
   Humides tesmoins de sa flame;
Et se representant les rigueurs de sa Dame,
   Sembloit vn morceau du rocher
Sur lequel ses pensers le venoient d'atacher.

A

PLAINTES

I.

*Apres que par ses yeux, son cœur se fut purgé
De l'humeur qui tenoit ses puissances contraintes,
D'vne parole basse, & d'vn teint tout changé,
  Il ouurit la bouche à ces plaintes
Par qui ses passions sont assez bien depeintes,
  Car ignorant qu'on l'escoutoit,
Il disoit à peu pres, tout ce qu'il ressentoit.*

II.

*SOLEIL, depuis le temps que portant la clarté
Tu dispenses par tout la chaleur & la vie,
Visitant l'vniuers, voy-tu quelque Beauté
  De qui l'esclat te fasse enuye,
Comme font auiourd'huy les beaux yeux de Siluie?
  Et dessous l'amoureuse loy
Cognoy tu quelque Amant plus maltraité que moy?*

III.

*Depuis que ie la sers, les Cieux m'en sont témoins,
Les soûpirs & les pleurs sont mes seuls exercices;
Mais l'ingrate qu'elle est, rebute tous mes soins
  Et se rit de tous mes supplices,
Et le ressentiment de tant de longs seruices
  Ne sçauroit porter son orgueil
A tourner seulement les yeux vers mon Cercueil.*

V.

Cruelle, à qui mes maux ne font point de pitié,
Et que par mes deuoirs ie rens plus inhumaine;
Objet, dont mon amour acroist l'inimitié
　Et qui vous moquez de ma peine,
M'ayant reduit au point d'vne mort si prochaine,
　Au moins si vous ne me plaignez,
Considerez vn peu ce que vous desdaignez.

VI.

Ie ne suis point sorty d'vn vulgaire Pasteur
Que l'on ayt veu couuert de honte & de disgrace,
Et ie me puis vanter sans paraistre menteur,
　Que ie suis de fort bonne race;
Mon Pere si fameux au mestier de la chasse,
　A souuent en ses premiers iours
Estouffé de ses mains des Lions & des Ours.

VII.

Lors qu'vn nuage espaix de monstres furieux
Vint dessus nos troupeaux faire tant de rauages,
On luy veid employer son bras victorieux
　A dissiper ces grands orages,
Combatant pour sauuer, auec nos paturages,
　La liberté de nos Autelz,
Il acquit en mourant des honneurs immortelz.

PLAINTES

I.

Auec assez d'ardeur ie marche sur ses pas
Où la Gloire m'apelle en m'offrant son image:
Ny l'objet du peril, ny celuy du trespas,
  Ne font point paslir mon visage,
Et la valeur en moy croissant auecque l'âge,
  Ie n'ay iamais rien redouté
Si ce n'est seulement vostre inhumanité.

II.

Nagueres dans vn Antre en ces lieux retirez,
Où souuent en secret i'entretiens m'a tristesse,
Cherchant de mes moutons que s'estoient égarez,
  Ie pris les Fans d'vne Tigresse:
La Mere les sentant, m'ategnit de vitesse:
  Mais non de ses ongles malins,
Car d'abord, ses petits en furent orphelins.

III.

Il ne m'en reste qu'vn, que ie veux vous offrir
Quand ie l'auray nourry tant soit peu d'auantage,
A peine il peut marcher, & ne sçauroit souffrir
  Que rien l'importune, ou l'outrage:
Ses yeux clairs & perçants tesmoignent son courage
  Mais mon soin l'a rendu plus doux,
Et ne l'a point treuué si sauuage que vous.

I.

L'autre iour vn Centaure espouuentable à voir,
Pressant vne beauté d'vne rare excellence,
Au plus secret d'vn bois se mettoit en deuoir
   De luy faire vne violence :
La Vierge me veid seul punir son insolence,
   L'infame esprouua mon courrous
Et peut-estre se sent encore de mes coups.

II.

La Nimphe contre vn arbre atachée en ces lieux,
Parut toute honteuse apres cette victoire :
Se voyant exposée à nud deuant mes yeux,
   Son corps possible estoit d'yuoire,
Mais soit qu'elle fut blãche, ou bien qu'elle fut noire,
   La belle se peut asseurer,
Que ie la destachay sans la considerer.

III.

Depuis que de vos yeux l'ardeur me vint saisir,
Mon ame qui languist tousiours dans la souffrance,
Pour les autres sujets n'a point plus de desir
   Que vous me laissez d'esperance.
Et ie voy des beautez auec indiference,
   Que de leur celeste sejour
Les Dieux ne sçauroient voir qu'auecque de l'amour

Au reste auec l'honneur d'estre né genereux
Et de sçauoir lancer & le dard & la pierre,
Ie m'imaginerois estre bien malheureux
   Si ie n'estois bon qu'à la guerre,
Pour respandre tousiours du sang dessus la terre,
   Et que mes ieunes sentimens
N'eussent jamais fait place à d'autres ornemens.

Ie n'ay pas simplement cette noble fierté
Qui protege par tout vne foible innocence :
Mon esprit que vos yeux priuent de liberté,
   N'est point priué de connoissance,
Ie sçay le cours des Cieux & connoy la puissance
   De cent racines de valeur
Qui peuuent tout guerir excepté m'a douleur.

Ie vous pourrois monstrer si vous veniez vn jour
En vn parc qu'icy prez, depuis peu i'ay fait clore,
Mille Amans transformez, qui des lois de l'Amour,
   Sont passez sous celle de Flore :
Ils ont pour aliment les larmes de l'Aurore,
   Dieux ! que ne suis-ie entre ces fleurs
Si vous deuez vn iour m'aroser de vos pleurs !

Vous y verriez Clytie, aux sentimens ialoux,
Qui n'a peu iusqu'icy guerir de la iaunisse;
Et la fleur de ce Grec dont le boüillant couroux
  Ne peut soufrir vne iniustice:
Vous y verriez encor Adonis & Narcisse;
  Dont l'vn fut aymé de Cypris,
L'autre fut de son ombre aueuglement épris.

Ie vous ferois sçauoir tout ce que l'on en dit,
Vous contant leurs vertus & leurs metamorphoses;
Qu'elle fleur vint du laict que Iunon respandit
  Et quelle sang fit rougir les Roses,
Qui grossissent d'orgueil des qu'elles sont écloses,
  Voyant leur portraict si bien peint
Dans la viue blancheur des lys de vostre teint.

Piqué secretement de leur esclat vermeil,
Vn folastre Zephire à l'entour se promeine;
Et pour les garentir de l'ardeur du Soleil,
  Les esuente de son halaine;
Mais lors qu'il les emeut, il irrite ma peine,
  Car aymant en vn plus haut point,
Ie voy que mes soûpirs ne vous émeuuent point.

Là, mille arbres chargez des plus riches presans
Dont la terre à son gré les mortels favorise ;
Et sur qui d'vn poinçon, ie graue tous les ans
    Vostre chifre & vostre deuise ;
Font en mille bouquets esclatter la cerise,
    La prune au ius rafraischissant,
Et le iaune arbricot au goust si rauissant.

Là parmy des Iasmins dressez confusement,
Et dont le doux esprit à toute heure s'exale ;
Cependant que par tout le chaud est vehement,
    On se peut garentir du hale :
Et se perdre aisement dans ce plaisant Dedale,
    Comme entre mille aymables nœux
Mon ame se perdit parmy vos beaux cheueux.

Vne grotte superbe & de rochers de prix
Que des Pins orgueilleux couronnent de feüillage :
Y gardent vne fraischeur sous ses riches lambris
    Qui sont d'vn rare coquillage :
Mille secrets tuyaux cachez sur son passage,
    Moüillent soudain les imprudens
Qui sans discretion veulent entrer dedans.

D'vn

D'vn costé l'on y void vne petite Mer,
Que trauerse en nageant, vn amoureux Leandre:
De rage au tour de luy l'onde vient escumer
   Et luy, tasche de s'en defendre ;
Aperçeuant Hero qui veille pour l'attendre,
   Et d'impatience & d'amour,
Brusle auec son flambeau, sur le haut d'vne Tour.

Aux niches de rocher qui sont aux enuirons
On void tousiours mouuoir de petits personnages :
Icy des charpentiers, & là des forgerons,
   Qui trauaillent à leurs ouurages ;
Et force moulinets, faits à diuers vsages,
   Qui tournent bien diligemment
A la faueur de l'eau qui coule incessamment.

Vne table de marbre où ie vais me mirer
Alors que ie n'ay pas le visage si blesme,
Pourroit bien de beau linge & de fleurs se parer
   Quand la chaleur seroit extresme,
Si vous vouliez venir y manger de la cresme
   Et des fraises, que cherement
Ie ne fais conseruer que pour vous seulement.

Vous n'y trouueriez pas de superbes apréts
Comme ceux que merite vne beauté diuine :
Mais vous pourriez à l'ombre au moins, y boire frais
 En des vazes de Cornaline,
Et vos yeux, en vingt plats de Pourcelaine fine
 Pourroient confronter à souhait
La blancheur de vos mains auec celle du lait.

Cette colation ne se passeroit pas
Sans qu'on vous fit oüir quelque douce harmonie :
Philomele sans doute ayant veu vos apas,
 Voudroit flater leur tirannie :
Et mettroit en oubly la brutale manie
 Qui causa ses afflictions,
Pour dire vn air nouueau sur vos perfections.

Vn grand bassin de Cedre artistement graué,
Dont l'ordre est merueilleux autãt qu'il est antique,
Vous feroit admirer, quand vous auriez laué,
 Les traits d'vne histoire rustique :
Monstrãt sous quelle forme & par quelle pratique,
 Vertumne autrefois sçeut charmer
Celle qui comme vous, ne pouuoit rien aymer.

Il semble que sa Dame escoute auec plaisir
Les subtils argumens qu'il tire de sa flame :
Et que cét amoureux, cache vn ieune desir
  Sous le teint d'vne vieille femme :
Tandis qu'il exagére auec beaucoup de blame
  Ce courage desnaturé
Pour qui le pauure Iphis mourut desesperé.

  Cependant qu'il luy tient vn si charmãt discours,
Les arbres les plus droits se courbent pour l'entendre :
Vn ruisseau qui l'escoute en arreste son cours,
  Et prés de luy se va répandre :
Bref vn pinceau sçauant à peine eust peu pretendre
  Dans le tableau le plus exquis
L'honneur que sur ce bois le couteau s'est acquis.

  Ie vous le donnerois dans l'acompagnement
D'vne corbeille vnique en sa rare maniere :
On ne l'a composa que d'osier seulement,
  Mais fût-elle d'or toute entiere,
L'art en seroit d'vn prix plus cher que la matiere,
  Tan vn Ouurier industrieux
La voulut releuer d'entre les curieux.

PLAINTES

Obseruant les tresors que le Verger produit
Qui peuuent satisfaire au besoin de la vie :
Vous iriez les remplir & des fleurs & du fruict
 Dont alors vous auriez enuie :
Et lors, auec l'Amour dont vous seriez suiuie ,
 Mes pensers au moins, baiseroient
Le sable & le gazon que vos pieds fouleroient.

Parmy les arbrisseaux d'vn bois que vous verriez,
Ie vous enseignerois vn nid de Tourterelles :
Les deux petits y sont, que vous enleueriez,
 Car ils n'ont point encore d'aisles ,
Et puis, il est fatal à tous les plus fidelles
 Des animaux & des humains
De perdre leur franchise entre vos belles mains.

Apres nous irions voir par diuertissement
En vn lieu tout couuert de thim & de melisse,
Des mouches dont le soin sert d'auertissement
 Pour le ménage & la police :
Employant tout ce temps dans l'aymable exercice :
 De tirer la manne du Ciel,
Et dérober aux fleurs de quoy faire le miel.

D'ACANTE.

Vous auriez les visage & le sein tout voilez,
Pour les considerer auec plus d'asseurance :
Car paroissans des lys à des roses meslez,
   Les abeilles par innocence
Pourroient bien se tromper à cette ressemblance,
   Et sans crainte de trop oser
Vous faire quelque iniure en venant vous baiser.

Vous leur verriez en l'air former vn bataillon,
Si tost qu'entre leurs camps la guerre se commence ;
Leur petit Roy volant qui n'a point d'aiguillon,
   Vous enseigneroit la clemence :
A vous dont le couroux à tant de vehemence,
   Et dont les yeux, où le penser,
Ont toûjours quelques traits qui me viennẽt blesser.

De là, pour ménager vn temps si precieux,
Visitans d'vn estang la paresse profonde ;
Lors que l'on sent leuer vn Zephir gratieux
   Et baisser le flembeau du monde,
Vous pourriez comme luy vous aprocher de l'onde,
   Et par vn miracle nouueau
Faire voir à la fois deux Soleils dessus l'eau.

PLAINTES

V

S'il vous plaisoit d'aller par ce frais Element,
I'armerois d'auirons vne nacelle vuide :
Bien que l'amour me tienne en son aueuglement,
 I'oserois vous seruir de guide,
A faire tout le tour de ce Christal liquide,
 Où les Diuinitez des eaux
Dorment dessus des lits de ioncs & de roseaux.

VI

Vos yeux qui l'anceroient des feux de tous costez,
Leur feroient aussi-tost entr'ouurir la paupiere ;
Et voyant tout à coup luyre tant de clartez,
 Cela leur donneroit matiere
De croire qu'en voulant gouuerner la lumiere,
 Quelqu' autre ieune audacieux
Dans le char du Soleil seroit tombé des Cieux.

VII

Puis voyant tant d'apas & de perfections
Leur troupe autour de vous viëdroit faire vne presse :
Tesmoignant plus de ioye & d'admirations
 Qu'en ces flots voisins de la Grece,
Thetis au temps passé ne fit voir d'alegresse
 Auec sa maritime Cour
A la natiuité de la mere d'Amour.

Apres auoir montré par cent traits complaisans
Que l'on doit adorer vos beautez & vos graces :
De leur plus beau poisson vous faisans des presens,
 Elles ne seroient iamais lasses
De vous venir offrir des lignes & des nasses :
 Si vous n'en faisiez du mespris,
Vous qui prenez si bien les cœurs & les esprits.

Vne chaste pudeur dont l'éclat est si beau
Semeroit vostre tein d'vne viue peinture,
Voyant tant de beautez prés de vostre bateau
 Le corps nud iusqu'à la ceinture
Et ie vous ferois rire apres cette auanture,
 Voyant de quel agilité
Ie ferois le Forçat en ma Captiuité.

Mais ie n'auray iamais tant de contentement !
Mon ame à qui les maux sont si fort ordinaires,
Parmy ces deplaisirs, se flatte vainement
 De ces douceurs imaginaires :
Les Astres tous puissants, qui me sont si contraires,
 Ne voudront pas se relascher
A m'accorder vn bien si sensible & si cher.

Que me sert-il d'avoir tant de logis meublés,
Tant de cheures, de bœufs & de troupeaux à laine,
Et d'estre possesseur des raisins & de bleds,
  De ces monts & de cette plaine ?
Si vostre cœur s'obstine auecque tant de haine
  A ne m'acorder iamais rien ,
Puis-ie pas protester que ie n'ay point de bien ?

Soit que l'Astre du iour blanchisse l'Orient ,
Soit qu'il seme le soir du safran dans la nuë,
Incessammant les plurs aux souspirs mariant,
  Ie me plains du coup qui me tuë :
Tout cesse en l'vniuers , mais mon mal continuë,
  Et la rigueur de mon d'estin
Ne se modere point le soir ny le matin.

La nuict humide & froide incitant au repos ,
A beau se presenter d'estoilles couronnées ;
Pour donner quelque treve aux funestes propos
  Que ie tiens toute la iournée,
Tous les autres humains changent de destinée
  Portans les marques du trespas ,
Mais ie suis bien plus mort & si ie ne dors pas.

De

De l'esprit & du corps, errant de tous costez,
Ie ne fay que me plaindre en cette inquietude;
Car tousiours mon penser me depeint vos beautez,
   Auecque vostre ingratitude:
Dieux! faut-il qu'vn Objet soit si doux & si rude,
   Ne m'engageant à l'adorer
Que pour prendre plaisir à me desesperer?

Si quelquesfois mes yeux ne peuuent resister
Aux pauots, dont le somme accomplit tous ses char-
Morphée ingenieux à me persecuter   (mes;
   Les tient tousiours trempez de larmes,
Ou me vient effroyer auecque des alarmes
   Que ie ne sçaurois soustenir,
Las! ie fremis encore à mon ressouuenir.

Ie vous voy ce me semble auec la majesté
Qu'vne douceur tempere en vostre beau visage,
Me dire d'vn accent plein de seuerité,
   Berger, ton soin m'est vn outrage;
Ie ne puis t'escouter, ny te voir dauantage:
   Tous tes soupirs sont superflus,
Va-t'en loin de mes yeux & ne retourne plus.

                                    C

PLAINTES

Surpris d'eſtonnement, & ſaiſi de douleur,
J'accuſe vos rigueurs & le Ciel d'iniuſtice;
Et ne voulant plus viure apres vn tel mal-heur,
 Ie cours vers vn grand precipice,
Pour terminer mes maux par vn dernier ſupplice;
 Et croy me lancer de ſi haut,
Que d'horrreur en tombant, ie m'éueille en ſurſaut.

D'autrefois, comme il plaiſt à la noire vapeur
Qui s'eſleue touſiours de ma melancolie;
Vn Riual m'apparoiſt ſous ce voile trompeur,
 Qui dans vn iour que l'on publie
Sous le ioug d'Himenée auecque vous ſe lie,
 Sans que cela vous touche fort,
Si le iour de ſa feſte, eſt celuy de ma mort.

Embraſé de cholere en cette extremité,
Il m'eſt auis qu'à l'heure au combat ie l'inuite,
Pour l'empeſcher d'atteindre à la felicité
 Qui ſembloit deuë à mon merite:
Mon bras du premier coup heureuſement s'acquite,
 Du ſoin de m'en rendre vainqueur,
Et l'ayant terraſſé, ie luy mange le cœur.

Puis apres cet excez, ie me sens tout glacé,
Craignant que ce duel ne vienne à vous déplaire:
Ie veux tout à l'instant suiure le trespassé
  Pour adoucir vostre cholere:
Mais sur ce mouuement, le Soleil qui m'éclaire
  Me montre en me réjoüissant,
Que vostre Nopce est vaine, & mon bras innocent.

Ainsi persecuté des cruautez d'Amour,
Mon esprit se consume en des peines sans nombre:
Si mon deüil au matin commence auec le iour,
  Il croist le soir auecque l'ombre:
Et i'ay tousiours l'humeur si chagrine & si sombre
  Qu'il semble en l'estat où ie suis,
Que ie ne sois plus rien qu'vn portrait des ennuis.

Aussi tout est sensible à mon affliction,
Là bas dedans ces prez l'herbe en est presque morte:
Ces troncs ne sont sechez que de compassion
  Des déplaisirs que ie supporte:
Les vents en sont muets, & d'vne aymable sorte,
  Echo tasche à m'en consoler,
En chaque solitude où ie vay luy parler.

C ij

PLAINTES

Les Nimphes que Diane attire dans les bois
Abhorrant des mortels les prophanes approches;
M'ont voulu demander la rigueur de vos lois
    Pour vous en faire des reproches;
Et celle d'vn ruisseau qui coule entre les roches
    Admirant l'excés de ma foy,
Murmure du mépris que vous auez pour moy.

S'il faut qu'en vous aimant ie cõmette vn forfait,
Nos bois & nos hameaux sont pleins de mes cõplices,
Qui m'assistent tousiours de pensée ou d'effet,
    Soit me rendant de bons offices,
Soit adressant au Ciel de secrets sacrifices,
    Afin que ceux de mon tourment
Soient acceptez de vous plus fauorablement,

Vn Berger si subtil à guider le pinceau
Que son art bien souuent a trompé la Nature;
Vous obseruoit vn iour sur le bord d'vn ruisseau.
    Pour me donner vostre peinture:
Lors selon ses souhaits, vos yeux parauanture
    Se conseilloient à ce miroir
De tout ce dont vos soins augmentent leur pouuoir.

Vous auiez sur la teste vn chapeau retroussé
Où deux roses pendoient auec leur tige verte;
Vous teniez vers l'espaule vn bras tout renuersé,
   Vostre gorge estoit découuerte,
Sur qui deux monts de neige animez pour ma perte,
   Ne vous souffrent de respirer
Que par des mouuemens qui me font soûpirer.

Il a si bien tiré vos yeux & vostre teint,
Que deuant ce tableau ie suis tousiours en crainte :
Mais quoy, ie reconnoy qu'vn mal qui n'est pas feint
   Ne peut guerir par vne feinte,
Et dans mon souuenir vous estes si bien peinte,
   Que les traits dont vous me charmez
Me sõt mieux découuers quãd i'ay les yeux fermez.

Ie le garde pourtant auec autant de soin
Que vous pouuez garder vostre Brebis cherie :
Quelque part que ie sois, il n'en est iamais loin,
   Soit que i'erre dans la prairie,
Soit qu'à l'ombre d'un Bois ie tombe en resverie,
   Soit que sur vn lac escarté
Ie contemple des eaux la molle oisiueté.

                                   C iij

PLAINTES

Il fut vn iour tesmoin des secrets qu'on m'apprit,
Pour seruir d'antidote au trait qui m'enpoisonne :
Ce sont quelques conseils d'une Nimphe d'esprit
   Et d'vne fort belle personne :
La chose fut si vaine, & vous estes si bonne,
    Que ie puis bien vous la nommer
Sans que vous la puißiez pour cela moins aymer.

La mere de Mirtil, de ce diuin garçon
Dont l'esprit fut si doux & la valeur si rare,
Me voyant en langueur, me fit vne leçon
   Qui me parut vn peu barbare :
Voulant que de mes pleurs ie fusse plus auare
    Et me rendisse moins soigneux
D'vn sujet si superbe & si fort dédaigneux.

Tout ce qu'on void en vous luy plaist extremement,
Mais bien qu'elle vous ayme & qu'elle vous estime,
La pitié de mes maux la toucha tellement
   Qu'elle creut faire vn moindre crime
A tenter vn remede, encor qu'illegitime,
    Qu'à laisser perir vn parent
Pour le vouloir traiter comme vn indiferent.

D'ACANTE.

Acante, me dit-elle, es-tu pas insensé
De viure de la sorte en faueur d'vne ingrate,
Qui se rit de ta plainte apres t'auoir blessé
   Dans la vanité qui la flate?
Faut-il pour l'éleuer que ton esprit s'abate,
    En faisant ainsi triompher
Ce Marbre que tes feux ne sçauroient échaufer.

Tu sçay comme la femme est d'vn sexe orgueilleux,
Dont la rigueur s'accroist trouuant l'obeïssance;
Ceux qui sçauent aymer, estiment perilleux
   De luy donner trop de puissance:
Ie t'en parle possible auecque connoissance,
    Moy qui d'vn seul trait de mes yeux
Fit autrefois languir le plus puissant des Dieux.

Croy moy, relasche vn peu de ses soins si pressez,
Qui ne font qu'irriter cette humeur insolente;
Peut-estre ses pensers parestront moins glacez,
   Si ta flame parest plus lente:
C'est dedans les amours vne adresse excellente,
    Lors que l'on peut bien exprimer
Que n'estant point aymé, l'on ne sçauroit aymer.

XX

Mais si tous ces moyens ne te seruent de rien,
Il faut de ta memoire effacer son Image :
Ce seroit lascheté de vouloir tant de bien
    A qui ne veut que ton dommage;
Montre que son erreur te fait deuenir sage,
    Quelqu'autre objet aussi charmant
Fera moins de mépris d'vn si parfait Amant.

XXI

Cloris il est certain, luy dis-je en soupirant,
Que cette passion m'a rendu miserable :
Ma peine auec le temps va tousiours empirant,
    Et Siluie est inexorable :
Mais quoy ? ton appareil treuue vn mal incurable,
    Je n'en sçaurois iamais guerir,
Et quand ie le pourrois, i'aymerois mieux mourir.

XXII

Mon ame est si portée à cherir sa prison,
Qu'elle pense tousiours à la rendre plus forte,
Et ne sçauroit souffrir que iamais la Raison
    Luy parle d'en ouurir la porte :
O prodige nouueau ! que i'ayme de la sorte,
    Et que ce cœur de Diamant
N'ait point osté la force à des liens d'Aymant.

Il ne m'est plus permis d'en faire moins de cas,
Quoy que de cet excez mon esprit apprehende,
Et i'ay les sentimens tellement delicats
   Pour les soins qu'il faut qu'on luy rende,
Que ie tiens qu'icy bas la gloire la plus grande
   Seroit celle de la seruir
Aussi parfaitement qu'elle m'a sceu rauir.

Iusqu'au dernier soûpir ie veux continuer
De supporter les loix de son cruel Empire:
Desormais mon amour ne peut diminuer
   Pour voir augmenter mon martyre,
Car l'ombre seulement du bon-heur où i'aspire,
   Me promet des contentemens
Qu'on ne peut obtenir auec trop de tourmens.

Acante en ces propos découuroit son ennuy,
Lors qu'en l'interrompant vn bruit le vint surpren-
Aussi-tost se tournant, il vid derriere luy   (dre:
   Daphnis, qui venoit de l'entendre,
Et qui de cette amour si fidelle & si tendre
   Marqua les mouuemens diuers,
Qu'auec peu d'artifice il a mis dans ces vers.

D

Sur les plaintes d'Acante.
SONNET.

Quand ton Berger se plaint d'vne mourante voix,
Affligé du penser de son cuisant martyre;
Son mal-heur en tes vers fait que tout à la fois,
On a peine à le plaindre, & plaisir à le lire.

Amour n'a iamais veu sous ses plus rudes loix
Un Amant plus parfait, ny dont le sort soit pire:
Si dedans la douleur qui le met aux abois
Il endure aussi bien comme tu le sçais dire.

Ton esprit merueilleux a des charmes secrets,
Qui par tant de douceurs temperent ses regrets,
Que ce grand artifice a mon ame rauie:

Chacun, mon cher Tristan, treuue prodigieux
Qu'vn mal aussi cruel que le cœur de Siluie,
S'exprime par des vers aussi doux que ses yeux.

LES AMOVRS DV SIEVR TRISTAN.

CONTRE L'ABSENCE.
STANCES.

A Terre dans ses tremblemens,
La Mer en ses débordemens,
Mars en sa plus grande licence,
Toutes les matieres de pleurs,
Et tous les plus cruels mal-heurs
Qui font soupirer l'Innocence,
Au prix des maux que fait l'absence,
Ne sont rien que jeux & que fleurs.

D ij

Des douleurs qu'on souffre en aymant,
La peine de l'esloignement
Est sans doute la plus extresme:
On peut treuuer du reconfort
Aux autres iniures du sort;
Mais se diuiser de soy-mesme
Et viure loin de ce qu'on aime,
Il vaudroit autant estre mort.

L'absence apporte vne langueur
Qui ne cede pas en rigueur
Aux supplices les plus infames:
Elle applique nos sentimens
A des gesnes & des tourmens
Pires que le fer & les flames;
Elle blesse toutes les Ames,
Et fait mourir tous les Amans.

A sa faueur, les Enuieux
En leurs desseins malicieux
Ont la facilité de nuire:
Et l'Amour reduit aux abois,
Qui sans mouuement & sans voix,
Incessamment pleure & soupire;
Impuissant parmy son Empire,
Laisse enfreindre toutes ses loix.

D'vn penſer laſche & pareſſeux
On void le merite de ceux
Dont on ne void plus les viſages:
Et durant ces ſoins languiſſans
Les Riuaux, de deuoirs preſſans
Corrompans les meilleurs courages,
Font ſur mille faux témoignages
Condemner les pauures abſens.

Ainſi, deux merueilles des Cieux
Ne m'ayant plus deuant leurs yeux,
M'ont effacé de leur memoire:
Et c'eſt ainſi que ſans raiſon,
O rigueur ſans comparaiſon!
Par vne humeur volage, ou noire,
Vn ſecond Pilade fit gloire
De me faire vne trahiſon.

Peut-eſtre meſme que l'Objet
Qui ſert de celeſte ſujet
A mes plus diuines loüanges;
Philis que ie viens d'adorer,
Auiourd'huy ſans conſiderer
Que ie la mets au rang des Anges,
Me met au rang des plus eſtranges
Qu'elle ſe puiſſe figurer.

Possible qu'au desceu de tous,
Pres d'elle quelque esprit ialous
M'a rendu de mauuais offices:
Et que son esprit inconstant
Ne treuuant plus rien d'important
Dans mes plus excellens caprices,
A fait au feu des sacrifices
De ces vers qu'il estimoit tant.

Mais, ô discours qui sans respect,
Ne tends qu'à me rendre suspect
Ce que i'ayme & ce que i'honore:
Par quelle noire inuention
Viens-tu choquer ma passion
Dans vn estat que l'on déplore,
Pour me faire paslir encore
D'vne iniuste apprehension?

Philis n'a iamais imité
Ces cœurs dont l'inégalité
Ressemble à celle de la Lune,
Et de qui les pensers errans
Apres l'interest soupirans,
D'vne lascheté si commune
Pour la differente fortune,
Ont des visages differens.

Ce seroit mal raisonner
Que de la vouloir soupçonner
Des deffauts d'vn sexe infidelle:
Si l'on en croit mille bontez,
Et mille rares qualitez,
Qui sont d'vne marque immortelle,
Les sentimens de cette Belle
Sont diuins comme ses beautez.

DES DEVX AMANS.

ODE.

Avpres de cette Grote sombre
Où l'on respire vn air si doux,
L'onde lutte auec les cailloux,
Et la lumiere auecque l'ombre.

Ces flots lassez de l'exercice
Qu'ils ont fait dessus ce grauier,
Se reposent dans ce Viuier
Où mourut autrefois Narcisse.

LES AMOVRS

C'est vn des miroirs où le Faune
Vient voir si son teint cramoisi,
Depuis que l'Amour l'a saisi,
Ne seroit point deuenu jaune.

Ces roseaux, cette fleur vermeille,
Et ces glaix en l'eau paroissans,
Forment les songes innocens
De la Nayade qui sommeille.

Les plus aymables influences
Qui rajeunissent l'Vniuers,
Ont releué ces tapis vers
De fleurs de toutes les nuances.

Dans ce Bois, ny dans ces montagnes
Iamais Chasseur ne vint encor:
Si quelqu'vn y sonne du Cor,
C'est Diane auec ses compagnes.

Ce vieux chesne a des marques saintes;
Sans doute qui le couperoit,
Le sang chaud en découleroit,
Et l'arbre pousseroit des plaintes.

Ce Rossignol melancolique
Du souuenir de son mal-heur,
Tasche de charmer sa douleur
Mettant son Histoire en musique.

Il

DV St TRISTAN.

Il reprend sa note premiere,
Pour chanter d'vn art sans pareil
Sous ce rameau que le Soleil
A doré d'vn trait de lumiere.

Sur ce Fresne deux Tourterelles
S'entretiennent de leurs tourmens,
Et font les doux appointemens
De leurs amoureuses querelles.

Vn iour Venus auec Anchise
Parmy ses forts s'alloit perdant,
Et deux Amours en l'attendant,
Disputoient pour vne Cerise.

Dans toutes ces routes diuines
Les Nymphes dancent aux chansons,
Et donnent la grace aux buissons
De porter des fleurs sans espines.

Iamais les vents ny le tonnerre
N'ont troublé la paix de ces lieux,
Et la complaisance des Cieux
Y sous-rit tousiours à la Terre.

Croy mon conseil, chere Climene,
Pour laisser arriuer le soir,
Ie te prie, allons nous assoir
Sur le bord de cette fonteine.

E

N'oy-tu pas soûpirer Zephire,
De merueille & d'amour atteint,
Voyant des roses sur son teint
Qui ne sont pas de son Empire ?

Sa bouche d'odeurs toute pleine,
A souflé sur nostre chemin,
Meslant vn esprit de Iasmin
A l'Ambre de ta douce haleine.

Panche la teste sur cette Onde
Dont le cristal paroist si noir,
Ie t'y veux faire apperceuoir
L'objet le plus charmant du monde.

Tu ne dois pas estre estonnée,
Si viuant sous tes douces lois,
J'appelle ces beaux yeux mes Rois,
Mes Astres, & ma Destinée.

Bien que ta froideur soit extresme,
Si dessous l'habit d'vn garçon
Tu te voyois de la façon,
Tu mourrois d'amour pour toy-mesme.

Voy mille Amours qui se vont prendre
Dans les filets de tes cheueux ;
Et d'autres qui cachent leurs feux
Dessous vne si belle cendre.

Cette troupe ieune & folastre,
Si tu pensois la dépiter,
S'iroit soudain precipiter
Du haut de ces deux monts d'albâtre.

Ie tremble en voyant ton visage
Floter auecque mes desirs,
Tant i'ay de peur que mes soûpirs
Ne luy fassent faire naufrage,

De crainte de cette auanture,
Ne commets pas si librement
A cet infidele Element
Tous les tresors de la Nature.

Veux-tu par vn doux priuilege
Me mettre au dessus des humains?
Fay moy boire au creux de tes mains
Si l'eau n'en dissout point la neige.

Ah! ie n'en puis plus, ie me pasme,
Mon ame est preste à s'enuoler;
Tu viens de me faire aualer
La moitié moins d'eau que de flame.

Ta bouche d'vn baiser humide
Pourroit amortir ce grand feu:
De crainte de pecher vn peu
N'acheue pas vn homicide.

LES AMOVRS

I'aurois plus de bonne fortune,
Careſſé d'vn ieune Soleil,
Que celuy qui dans le ſommeil
Receut des faueurs de la Lune.
  Climene, ce baiſer m'enyure,
Cet autre me rend tout tranſi,
Si ie ne meurs de cettui-cy,
Ie ne ſuis pas digne de viure.

Aux Conquerans ambitieux.

SONNET.

Vous que l'ambition diſpoſe à des efforts
  Que n'oſeroit tenter vn courage vulgaire:
Et qui vous conduiriez iuſqu'au ſeiour des morts
Afin d'y rencontrer dequoy vous ſatisfaire.
  Voulez-vous butiner de plus riches treſors
Que n'en ont tous les lieux que le Soleil éclaire?
Sans courir l'Ocean, ny rauager ſes bords,
Venez voir ma Princeſſe, & taſchez de luy plaire.
  Vous pourriez conquerir, s'il plaiſoit au Deſtin,
Les terres du Couchant, les Climats du Matin,
Et l'Iſle dont la Roſe eſt la Reyne de l'Onde:
  Vous pourriez aſſeruir l'Eſtat des fleurs de Lys,
Vous pourriez impoſer des loix à tout le Monde,
Mais tout cela vaut moins qu'vn regard de Philis.

L'excusable Erreur.
SONNET.

Que l'objet est diuin qui s'est fait mõ vainqueur,
Qu'il a de iugement, qu'il a de connoissance,
Amour, auec raison, ie benis ta puissance
D'auoir si bien graué son image en mon cœur.

Bien qu'elle ait ordonné que ie viue en langueur
Auec tant de contrainte & si peu de licence;
I'ose mesme auoüer que i'ayme sa rigueur,
Puis que sa cruauté maintient son innocence.

Madame est sans exẽple, & qui sçait les clartez
Dont ses rares vertus releuent ses beautez,
Ne sçauroit limiter l'honneur qu'on luy doit rendre.

Si ie l'adore aussi, pardonnez-moy, grands Dieux,
En vn pareil sujet on se peut bien méprendre,
Il n'est rien icy bas qui vous ressemble mieux.

La Negligence auantageuse.
SONNET.

IE surpris l'autre iour la Nymphe que i'adore,
Ayant sur vne iupe vn peignoir seulement;
Et la voyant ainsi, l'on eust dit proprement
Qu'il sortoit de son lit vne nouuelle Aurore.

LES AMOVRS

Ses yeux que le sommeil abandonnoit encore,
Ses cheueux autour d'elle errans confusément
Ne lierent mon cœur que plus estroitement,
Ne firent qu'augmenter le feu qui me deuore.
   Amour, si mon Soleil brusle dés le matin,
Ie ne puis esperer en mon cruel destin
De voir diminuer l'ardeur qui me tourmente.
   Dieux! qu'elle est la Beauté qui cause ma lãgueur?
Plus elle est negligée & plus elle est charmante,
Plus son poil est épars, plus il presse mon cœur.

Les Cheueux blonds.
SONNET·

FIn Or, de qui le prix est sans comparaison,
Clairs rayõs d'vn Soleil, douce & subtile trame
Dont la molle estenduë a des ondes de flame,
Où l'Amour mille fois a noyé ma raison.
   Beau poil, vostre franchise est vne trahison,
Faut-il qu'en vous montrant, vous me cachiez ma
    Dame,
N'estoit-ce pas assez de captiuer mon ame
Sans retenir ainsi ce beau corps en prison?
   Mais, ô doux flots dorez, vostre orgueil se rabaisse;
Sous la dexterité d'vne main qui vous presse,
Vous allez comme moy, perdre la liberté.

Et i'ay le bien de voir vne fois en ma vie
Qu'en liant le beau poil qui me tient arresté,
On oste la franchise à qui me l'a rauie.

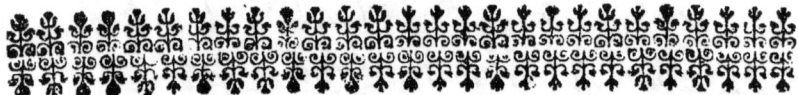

Les Tourmens agreables.
SONNET.

Qve ie treuue de gloire & d'heur en ma dis-
grace;
Quelque secret ennuy qui m'outrage si fort,
De quelque empeschement dont m'afflige le Sort,
Et de quelque rigueur dont Philis me menace.

Encore que mes feux ne fondent point sa glace,
Mourant pour son sujet, i'auray ce reconfort,
Qu'il sera mal-aisé qu'vne plus belle mort
Puisse iamais punir vne plus belle audace.

Pour le moins ma meurtriere a mille qualitez,
Elle a mille vertus, elle a mille beautez,
Et mille doux apas dont la force est est extresme:

On l'estime à son teint la Courriere du iour,
Quand on l'entend parler, c'est Minerue elle-mesme
Et lors qu'elle sous-rit, c'est la mere d'Amour.

L'Auis considerable.
SONNET.

SOurce de mes tourmens, objet inexorable,
Dont les ieunes apas triomphent de mon cœur,
O cruelle Siluie, il est bien miserable
Qui tombe entre les mains d'vn insolent vainqueur.

Insensible sujet qui ris de ma langueur;
Et te moquant de voir vn mal incomparable,
Fais vanité de ioindre vne extrême rigueur
A l'extrême beauté qui te rend adorable.

Si tu traitois ma flame auec moins de mépris,
Tu pourrois t'asseurer que bien-tost mes écris
Te rendroient immortelle en dépit de l'enuie:

Quel bien retires-tu de cet excés d'orgueil?
Il abrege ta gloire en abregeant ma vie,
Et te priue d'vn Temple en m'ouurant vn cercueil.

Le Despit corrigé.
SONNET.

C'Est trop long-teps cōbatre vn orgueil inuincible
Qui braue ma constance & ma fidelité;
Ne nous obstinons plus dans la temerité
De vouloir aborder ce Roc inaccessible.

Tournons

Tournons ailleurs la voile, & s'il nous est possible,
Oublions tout à fait cette ingrate Beauté,
Ne pouuans conceuoir qu'auecque lascheté
Tant de ressentimens pour vne ame insensible.

Mais que dis-tu, mon cœur? aurois-tu consenti
Au perfide dessein de changer de parti,
Seruant comme tu fais vn objet adorable?

Non, non, celle que i'ayme est d'vn trop digne pris,
Et toute autre Beauté n'est pas mesme capable
De faire des faueurs qui vaillent ses mépris.

Inquietudes.
STANCES.

D'Où vient qu'vn penser indiscret
    M'entretient tousiours en secret
D'vn sujet qui m'est si contraire;
Et conuaincu de trahison,
Ne sçauroit iamais se distraire
De me presenter du poison?

Quel doux & cruel mouuement,
Veut rendre ainsi de mon tourment
Mes volontez mesmes complices?
Et flatant de noueaux desirs,
Sous l'apparence des delices,
Me déguise les déplaisirs.

Apres tant de regrets conceus
Et tant d'aiguillons apperceus
Sous le trompeur esclat des roses;
Suis-je bien assez mal-heureux
Pour permettre aux plus belles choses
De me rendre encore amoureux?

Apres tant de viues douleurs,
Apres tant de sang & de pleurs
Que i'ay versez dessus ma flame;
Aurois-je l'indiscretion
De liurer encore mon ame
Au pouuoir de ma passion?

O prudente & forte Raison,
Qui m'as tiré d'vne prison
Où ie respandois tant de larmes:
Je n'ay recours qu'à ta bonté,
Veille encore prendre les armes
Pour deffendre ma liberté.

I'apperçoy desia mon trespas
Couuert des innocens appas
Que Philis sçait mettre en vsage:
Philis ce chef d'œuure des Cieux
Qui n'a de douceur qu'au visage,
N'y d'amour que dans ses beaux yeux,

O *Raison*, *celeste flambeau*,
Acheue vn ouurage si beau :
Mais quoy tu perds cette victoire,
Et malgré tes sages propos,
L'objet qui regne en ma memoire
Vient encor troubler mon repos.

Resolution d'aimer.

STANCES.

PVis qu'Amour dans ses yeux ne se peut éuiter,
  Ie ne sçaurois plus resister,
Car ie ne treuue pas de gloire à me deffendre,
  Ny de honte à me rendre.

Qu'elle ayt de la pitié, qu'elle ayt de la rigueur,
  Philis est Reine de mon cœur,
C'est inutilement que ma raison s'oppose
  Aux loix qu'elle m'impose.

Vouloir vaincre l'ardeur qu'elle sçait allumer,
  Et se diuertir de l'aimer,
Seroit vouloir en vain d'vne erreur obstinée,
  Vaincre sa destinée.

F ij

Seruons-là donc mon ame, & sans plus diferer
  Faisons nous autant admirer
Par la fidelité de nostre obeïssance,
  Qu'elle par sa puissance.

Je connoy son humeur & sçay que sa beauté
  Se plaist dans vne cruauté
Qui se mocque tousiours des soupirs & des larmes
  Que font naistre ses charmes.

Mais toute cette glace augmente mon ardeur,
  Et pour conseruer leur odeur
Il est bien à propos que des roses diuines
  Ne soient pas sans épines.

Quand les difficultez irritent nos desirs
  Nous en goustons mieux les plaisirs;
Et la palme que donne vne victoire aisée
  Est tousiours méprisée.

Puisque pour de grãds prix on fait de grands efforts,
  Il faut bien que pour des tresors
Qui pourroient satisfaire à la plus belle enuie,
  J'auanture ma vie.

Que s'il ne me succede auecque du bon-heur,
  Pour le moins i'auray cet honneur
D'attaquer vn rampart que d'vn effort vulgaire
  On n'esbranleroit guere.

J'auray ce reconfort y treuuant mon cercueil,
   D'aborder le plus bel Escueil
Contre qui les desseins du plus digne courage
   Puissent faire naufrage.

Il n'est rien de visible à la clarté du iour
   Qui ne soit sensible à l'amour,
Les arbres les plus durs à trauers leur écorce
   En ressentent la force.

Il n'est point de sujet aymé parfaitement
   Qui n'en ait du ressentiment,
Et cette ardeur celeste auec des traits si rares
   Charme les plus barbares.

C'est cela qui me flate & me fait esperer,
   Que celle que i'ose adorer
Ne s'obstinera pas à deffendre son ame
   D'vne si douce flame.

Auant que de ma mort ses beaux yeux soiët témoins,
   Ie luy veux rendre mille soins,
Qui mesme au sentiment des ingrates personnes,
   Soient du prix des Couronnes.

La Belle en dueil.

SONNET.

QVe vous auez d'apas belle Nuit animée!
Que vous nous apportez de merueille &
d'amour:
Il faut bien confesser que vous estes formée
Pour donner de l'enuie & de la honte au iour.

La flame éclate moins à trauers la fumée,
Que ne font vos beaux yeux sous vn si sombre atour,
Et de tous les mortels, en ce sacré sejour,
Comme vn celeste objet vous estes reclamée.

Mais ce n'est point ainsi que ces Diuinitez,
Qui n'ont plus ny de vœux, ny de solemnitez,
Et dont l'autel glacé ne reçoit point de presse.

Car vous voyant si belle, on pense à vostre abord
Que par quelque gageure où Venus s'interesse,
L'Amour s'est déguisé sous l'habit de la Mort.

Le Mespris.
STANCES.

NE te ris plus de mes douleurs,
Perfide sujet de mes pleurs,
Ingrate cause de mes plaintes;
Tu ne fais plus mes desplaisirs,
Mes tristesses, ny mes soupirs,
Tu ne me donnes plus d'atteintes,
Et pour toy ie n'ay plus de craintes,
D'esperances, ny de desirs.

Mon esprit abhorre ta loy,
Tu m'as trop engagé ta foy,
Et me l'as trop souuent faussée;
Ie seray sage à l'auenir,
Ma peine commence à finir,
Toute mon ardeur est passée,
Et ie deffends à ma pensée
De m'en faire plus souuenir.

Ie pourrois auecque raison
Punir ta lasche trahison

Et te noircir d'vn iuste blasme:
Mais ie commence à negliger,
Le soin de te desobliger;
Car cet objet est trop infame
Pour n'effacer pas de mon ame
La volonté de me vanger.

Pensers, mon aymable entretien,
Ne me representez plus rien
Des charmes de cette cruelle:
Ne me venez point abuser,
Ne me venez point excuser
Les defauts de cette infidelle,
Et ne me parlez iamais d'elle
Si ce n'est pour la mépriser.

L'Amant discret.
STANCES.

Douce & paisible Nuit, Deité secourable,
 Dont l'Empire est si fauorable
A ceux qui sont lassez des longs trauaux du iour:
Chacun dort maintenant sous tes humides voiles,
Mais malgré tes pauots, les espines d'Amour
M'obligent de veiller auecque tes estoiles.

Tandis

Tandis qu'un bruit confus regne auec la lumiere,
　　Ma passion est prisonniere;
Ie crains d'estre apperceu, i'ay peur d'estre écouté;
Il faut que ie me taise & que ie dissimule,
Mais sous ton cours muet ie prends la liberté
D'entretenir tes feux de celuy qui me brusle.

Ie dirois qu'auiourd'huy leur fatale puissance
　　Auroit trahi mon innocence
Et forcé mon esprit d'aymer si hautement:
N'estoit qu'en si beau lieu mon ame est enchaisnée,
Qu'on peut à voir mes fers iuger facilement
Que i'ayme par raison plus que par destinée.

I'adore, ie l'auoüe, vne Beauté diuine,
　　De qui la celeste origine
Condemne mes desirs de trop d'ambition:
Mais quoy? de quelque erreur dõt son esprit m'acuse,
Ses apas sont si doux, que iamais passion
Ne fut si temeraire & si digne d'excuse.

Sa bouche & ses beaux yeux ont des traits indompta-
　　Et des charmes inéuitables, 　　　　(bles,
Il n'est rien de si rare, il n'est rien de si fort:
O Dieux! qu'il m'est sensible en touchant sa loüange
De n'auoir en mes maux, que le seul reconfort
De seruir vn Tyran qu'on prendroit pour vn Ange.

G

LES AMOVRS

Mais que ce dur glaçon qu'elle porte dans l'ame,
 Resiste tousiours à ma flame,
Et que plus ie la prie elle m'exauce moins:
Ie luy veux conseruer vne ardeur si fidele,
Ne d'eussay-ie obtenir iamais rien de mes soins
Que la seule faueur de mourir aupres d'elle.

Cependant mille voix dont ma fin m'est predite,
 M'annoncent qu'il faut que ie quite
Cet objet que ie sers auec si peu de fruit :
Destin, veille cesser de me faire la guerre,
Et montre ta clemence à dissiper vn bruit
Qui m'est aussi mortel qu'vn éclat de tonnerre.

Le départ de Philis.
MADRIGAL.

Qve d'ennuis dans ma destinée!
 Celle pour qui ie meurs d'amour,
S'appreste à partir dans vn iour
Pour ne reuenir d'vne année :
O Dieux ! i'ay beau me tourmenter,
Ie ne la sçaurois arrester,
Ny treuuer moyen de la suiure :
De sorte qu'à bien discourir,
Ie n'ay plus qu'vn moment à viure,
Et plus de mille ans à mourir.

La Belle Malade.
SONNET.

AMour, ie t'auertis qu'vne fievre cruelle
Est preste d'enuoyer ma Philis au tombeau :
Et c'est vn bruit commun que tu vas perdre en elle,
Tout ce que ton Empire eut iamais de plus beau.

La neige de son corps se resoust toute en eau,
Tempere son ardeur du doux vent de ton aisle,
Et luy serrant le front auecque ton bandeau,
Hausse de ton carquois le cheuet de la Belle.

Mais s'il faut que la mort vienne pour l'assaillir,
Amour fay qu'elle puisse heureusement faillir,
Change son dard funeste en vn doux trait de flame :

Afin qu'executant vn coup si hasardeux,
Lors qu'elle percera le beau sein de Madame
Pensant perdre vne vie, elle en conserue deux.

Apprehension d'vn Depart.
SONNET.

ON me vient d'auertir que tu t'en vas d'icy
Iris, diuin objet dont mon ame est rauie;
Qu'vne Ayeule est malade & qu'vn pieux soucy
A te rendre aupres d'elle auiourd'huy te conuie.

LES AMOVRS

Peux-tu bien consentir à me laisser ainsi ?
S'il faut que ce depart soit selon ton enuie,
Comme il est resolu, mon trespas l'est aussi,
Et le mal de l'absence acheuera ma vie.

Quoy, tu ne me dis rien dans ces extremitez ?
Ah ! par cette froideur mes iours sont limitez,
Adieu donc, ô Beauté d'insensible courage.

Puis que ma passion ne t'en peut diuertir,
Nous ferons à mesme heure vn different voyage,
Mon ame est comme toy toute preste à partir.

A des Cimetieres.
SONNET.

SEjour melancholique, où les ombres dolentes
Se pleignent chaque nuit de leur auersité;
Et murmurent tousiours de la necessité
Qui les contraint d'errer par les tombes relantes.

Ossemens entassez, & vous pierres parlantes
Qui conseruez les noms à la posterité,
Representans la vie & sa fragilité,
Pour censurer l'orgueil des ames insolentes.

Tombeaux, pasles témoins de la rigueur du Sort,
Où ie viens en secret entretenir la Mort
D'vne amour que ie voy si mal recompensée.

DV S*t* TRISTAN.

Vous donnez de la crainte & de l'horreur à tous;
Mais le plus doux objet qui s'offre à ma pensée,
Est beaucoup plus funeste & plus triste que vous.

Sur vn Tombeau.
SONNET.

Celle dont la dépoüille en ce marbre est enclose,
Fut le digne sujet de mes saintes amours:
Las! depuis qu'elle y dort, iamais ie ne repose,
Et s'il faut en veillant que i'y songe tousiours.

Ce fut vne si rare & si parfaite chose,
Qu'on ne peut la dépeindre auec l'humain discours;
Elle passa pourtant de mesme qu'vne Rose,
Et sa beauté plus viue, eut des termes plus cours.

La Mort qui par mes pleurs ne fut point diuertie,
Enleua de mes bras cette chere partie
D'vn agreable tout qu'auoit fait l'amitié.

Mais, ô diuin esprit qui gouuernois mon ame,
La Parque n'a coupé nostre fil qu'à moitié,
Car ie meurs en ta cendre, & tu vis dans ma flame.

LES AMOVRS

Les loüanges du Vert.
STANCES.

IE veux esleuer iusqu'aux Cieux
Vn objet qui plaist aux beaux yeux,
Que les miens treuuent adorables :
Et monstrer auecque raison
Qu'entre les couleurs agreables,
Le vert est sans comparaison.

Lors que le Monde fut produit,
La premiere fois que la nuit
Quitta sa place à la lumiere :
Entre mille rares beautez,
Le vert fut la couleur premiere
Dont les yeux furent enchantez.

Le vert est l'ame des desirs,
Et l'auant-coureur des plaisirs
Que le doux Printemps nous apporte :
Lors que l'Vniuers est en deüil,
Lors que la terre paroist morte,
Le vert la tire du cercueil.

C'est le symbole de l'espoir,
Dont la puissance nous fait voir
Le beau temps au fort de l'orage :
Et par qui nous sommes flatez,
Quand nous portons nostre courage
A vaincre des difficultez.

Amour y treuue tant d'attraits,
Qu'il en émaille tous les traits
Dont il blesse les belles ames :
Et croit que sans cette couleur
La violence de ses flames
N'auroit ny plaisir, ny douleur.

La belle Iris se faisant voir
Du costé qu'il vient à pleuuoir
Durant les saisons les plus chaudes,
Doit son plus aimable ornement
Au vert esclat des Esmeraudes
Qui brillent en son vestement

Le vert par ses rares vertus,
Releue les cœurs abatus,
Et réjoüit les yeux malades ;
Oubliant mille apas diuers,
La plus charmante des Nayades
Se vante d'auoir les yeux verts.

LES AMOVRS

La Rose, la Reine des fleurs,
Sur qui l'Aurore épand des pleurs
De ialousie & de colere :
En naissant sur son arbrisseau,
N'auroit pas la grace de plaire
Si le vert n'estoit son berceau.

Au iugement des bons esprits,
Le vert emportera le pris
Sur les couleurs les plus nouuelles :
Ce qu'est la Rose entre les fleurs,
Ce qu'est Madame entre les Belles,
Le vert l'est entre les couleurs.

Sur l'incredulité de ......
MADRIGAL.

IE souffre tant de maux, que ma belle inhumaine
Ne peut s'imaginer la moitié de ma peine,
Elle reste incredule, & moy ie meurs martyr :
Amour, puis qu'il est vray que ie sers à ta gloire,
Fay luy croire les maux que tu me fay me sentir,
Ou ne m'en fay sentir qu'autāt qu'elle en peut croire.

Le

Le rauissement d'Europe.
SONNET.

Europe s'appuyant d'une main sur la croupe,
Et se tenant de l'autre aux cornes du Taureau,
Regardoit le riuage & reclamoit sa troupe,
Qui s'affligeoit de voir cet accident nouueau.

Tandis, l'amoureux Dieu qui brusloit dedans l'eau,
Fend son iaspe liquide & de ses pieds le coupe,
Aussi legerement que peut faire un vaisseau
Qui le vent fauorable à droitement en poupe.

Mais Neptune enuieux de ce rauissement,
Disoit par moquerie à ce lascif Amant
Dont l'impudique ardeur n'a iamais eu de bornes;
,, Inconstant, qu'un sujet ne sçauroit arrester;
,, Puis que malgré Iunon tu veux auoir des cornes,
,, Que ne se resout-elle à t'en faire porter?

L'Amour Diuin.
SONNET.

Mon ame, éueille-toy, du dangereux sommeil
Qui te pourroit cõduire en des nuits eternelles:
Et chassant la vapeur qui couure tes prunelles,
Ne prens plus desormais l'ombre pour le Soleil.

H

LES AMOVRS

Ne croy plus de tes sens le perfide conseil,
C'est assez adorer des objets infidelles:
Seruons à l'auenir des beautez immortelles
Que l'on treuue tousiours en vn estat pareil.
 Aymons l'Auteur du monde, il est sans incõstance,
Sa bonté pour nos vœux n'a point de resistance,
Nous pouuons en secret luy parler nuit & iour.
 Il connoist nostre ardeur & nostre inquietude,
Et ne reçoit iamais de traits de nostre amour
Pour les recompenser de traits d'ingratitude.

Pour vne excellente Beauté qui se miroit.

A Marille en se regardant
 Pour se conseiller de sa grace
Met auiourd'huy des feux dans cette glace,
Et d'vn cristal commun fait vn Miroir ardent.
 Ainsi touché d'vn soin pareil
Tous les matins l'Astre du monde,
Lors qu'il se leue en se mirant dans l'onde,
Pense tout estonné voir vn autre Soleil.
 Ainsi l'ingrat Chasseur dompté
Par les seuls traits de son image,
Panché sur l'eau, fit le premier hommage
De ses nouueaux desirs, à sa propre beauté.

En ce lieu deux hostes des Cieux
Se content vn secret mystere :
Si reuestus des robes de Cithere,
Ce ne sont deux Amours qui se font les doux yeux.
    Ces doegts ejancant ces cheueux,
Doux flots où ma raison se noye,
Ne touchent pas vn seul filet de soye,
Qui ne soit le sujet de plus de mille vœux.
    O Dieux! que de charmans appas,
Que d'œillets, de lys & de roses,
Que de clartez, & que d'aymables choses,
Amarille destruit en s'écartant d'vn pas!
    Si par vn magique sçauoir
On les retenoit dans ce verre,
Le plus grand Roy qui soit dessus la terre
Voudroit changer son sceptre auecque ce Miroir.

Les Loüanges.

Tout ce que l'Art & la Nature
  Ont produit de plus rare au iour,
Venus, les Graces & l'Amour,
Dans la plus diuine peinture :
Tout ce qui peut plaire à nos yeux,
l'Aurore, le Soleil, les Cieux,

H ij

L'Or, les Perles, les Lys, les Roses,
L'émail du Printemps le plus dous,
Bref, toutes les plus belles choses,
Ne sont point si belles que vous.

L'humeur ingrate.
SONNET.

Par la malignité d'vne Etoille inconnuë,
Dont le pouuoir s'applique à me tyranniser;
En adorant Philis, ie m'en fay méprifer,
Et plus mon feu s'accroift, plus le sien diminuë.
S'il faut qu'à s'augmenter sa froideur continuë
A l'enuy de l'ardeur qui me vint embraser:
Ie ne croy pas iamais en auoir vn baiser,
Ny luy voir seulement vne main toute nuë.
Apres tant de souspirs & de pleurs respandus,
Apres tant de loisirs & de pas despandus,
Voila ce que remporte vne amour si fidelle.
Et son ingrate humeur me reduit à tel point,
Que mon dernier secret, pour me faire aymer d'elle,
C'est de faire semblant que ie ne l'ayme point.

Plaintes d'Amour.
SONNET.

O Fierté sans exemple! ô rigueur sans seconde!
A quel malheur, ô Dieux! m'auez-vous destiné,
Et quel crime ay-je fait pour me voir condemné
A me plaindre tousiours sans que l'on me réponde?

Aux peines que ie prens ie seme dessus l'onde,
Et flatant les beaux yeux qui m'ont empoisonné,
Ie ne puis émouuoir vn courage obstiné
D'vne amour qui pourroit ébranler tout vn monde.

Pleuray-je incessamment, on se rit de mes pleurs,
Montray-je mes soucis, on les prend pour des fleurs,
Contay-je mon ardeur, on ne croit pas ma flame.

Et lors que i'ay la terre & les Cieux pour témoins,
Qu'auec le plus d'excés on outrage mon ame,
C'est quand on fait semblant qu'on y pense le moins.

CHANSON.

Belle Philis, écriuez-moy,
Afin de m'apprendre pourquoy
Mes soins vous mettent en cholere:
Car ie ne puis me figurer

Ce que i'ay fait pour vous déplaire,
N'ayant fait que vous adorer.
 Sans doute c'est ma passion
Qui cause cette auersion
Que m'exprime vostre silence :
Voyez quel estrange succés !
On me hait auec violence,
Pource que i'ayme auec excés.
 O Dieux ! quelle iniuste rigueur,
Pour vous auoir donné mon cœur,
I'ay donc merité vostre haine :
Et i'ay failly pour vous offrir
Ce que la beauté d'vne Reine
Auroit eu peine à s'aquerir.
 Apres vn fauorable accueil,
Mes deuoirs treuuent trop d'orgueil
En des graces toutes diuines :
O belle cause de mes pleurs !
Que de Serpens & que d'espines
Estoient cachez dessous des fleurs.
 Deslors que les Astres ialoux
Firent naistre vostre courroux,
La mort fut toute mon enuie;
Et i'ay conceu depuis ce iour
Le mesme dédain pour ma vie
Que vous auez pour mon amour.

Depuis en accusant vos loix,
Je cherche le plus fort des Bois
Et le bord des Estangs paisibles;
Où pour adoucir mon tourment
Ie parle aux choses insensibles,
De vostre peu de sentiment.

Philis, ie vais tout de ce pas
Faire cesser par mon trespas
Cette cruelle inquietude,
Si dans vn moment la pitié
Ne force vostre ingratitude,
De ceder à mon amitié.

La Palinodie.

IE croyois que vous eussiez
Mille vertus heroïques,
Ie croyois que vous fussiez
De ces esprits Angeliques,
A la fin l'émotion
De la moindre passion
Montre le fonds de vostre ame,
Où ie voy distinctement
Que vous n'estes qu'vne femme;
Mais femme, parfaitement.

Ialousie.
SONNET.

TElle qu'estoit Diane, alors qu'imprudemment
 L'infortuné Chasseur la voyoit toute nuë,
Telle dedans vn Bain Clorinde s'est tenuë,
N'ayant le corps vestu que d'vn moite Element.

Quelque Dieu dans ces eaux caché secrettement
A veu tous les appas dont la Belle est pourueüe:
Mais s'il n'en auoit eu seulement que la veüe,
Je serois moins ialoux de son contentement.

Le traistre, l'insolent, n'estant qu'vne eau versée,
L'abaisée en tous lieux, l'a tousiours embrasée;
J'enrage de colere à m'en ressouuenir.

Cependant cet Objet dont ie suis idolastre,
Apres tous ces excés n'a fait pour le punir
Que donner à son onde vne couleur d'albastre.

La belle Esclaue More.
SONNET.

BEau Monstre de Nature, il est vray ton visage
 Est noir au dernier point, mais beau parfaitemẽt:
Et l'Ebene poly qui te sert d'ornement
Sur le plus blanc yuoire emporte l'auantage.

DV Sr TRISTAN.

O merueille diuine, inconnüe à nostre âge!
Qu'vn objet tenebreux luise si clairement;
Et qu'vn charbon esteint, brusle plus viuement
Que ceux qui de la flame entretiennent l'vsage!

Entre ces noires mains ie mets ma liberté,
Moy qui fut inuincible à toute autre Beauté;
Vne More m'embrase, vne Esclaue me dompte.

Mais cache toy Soleil, toy qui viens de ces lieux
D'où cet Astre est venu, qui porte pour ta honte
La nuit sur son visage, & le iour dans ses yeux.

Inquietudes appaisées.
SONNET.

MEurs, timide penser, ennemy de ma ioye,
Qui portes dans mon sein la tristesse & la mort :
Mes iours furent filez d'vne si belle soye
Que ie n'ay point à craindre aucun funeste sort.

Desloge de mon cœur, ce n'est pas vne proye
Où tu doiues porter ton insolent effort :
Amour en deux beaux yeux d'vn regard me foudroye
Si ie croy de mes sens le perfide rapport.

Ce n'est pas que ie pense auoir tout le merite
Qui pourroit retenir l'esprit de Roselite :
I'aurois trop d'insolence & trop de vanité.

LES AMOVRS
*Mais c'est sur sa vertu que mon espoir se fonde:
Car ie sçay que la foy d'vne Diuinité
Surpasse en fermeté les fondemens du monde.*

Le mal secret.
SONNET.

VOus qui lancez les traits dont mon cœur est atteint,
Qui mettez tout en flame & n'estes rien que glace;
Vous qui portez des fleurs le surnom & le teint,
Et qui tenez des Dieux & l'esprit & la grace.

Si i'osay soûpirer pour vn objet si saint,
O belle Florimene, excusez mon audace:
Plaignez vn malheureux, qui iamais ne se plaint
Dans le tissu des maux où le Ciel l'embarrasse.

Si vous sçauiez l'estat où vous m'auez reduit,
Et comme en vous seruant ie soufre iour & nuit,
Vous en auriez pitié fussiez vous plus barbare:

Mais ie n'espere pas d'estre heureux à ce point;
Car de croire vne amour si parfaite & si rare,
Vne si grande foy ne se rencontre point.

Les Baisers de Dorinde.

SYLVIO parle.

LA douce haleine des Zephirs,
 Et ces eaux qui se precipitent,
Par leur murmure nous inuitent
A prendre d'innocens plaisirs :
Dorinde, on diroit que les flames
Dont nous sentons brusler nos ames,
Bruslent les herbes & les fleurs ;
Goustons mille douceurs à la faueur de l'ombre,
 Donnons-nous des baisers sans nombre,
Et ioignons à la fois nos levres & nos cœurs.

Quand deux objets également
Soupirent d'vne mesme enuie ;
Comme l'amour en est la vie,
Les baisers en sont l'élement :
Il faut donc en faire des chaisnes
Qui durent autant que les peines
Que ie souffre loin de tes yeux :
Amour, qui les baisers ayme sur toutes choses,
 Fait vne couronne de roses
Pour donner à celuy qui baisera le mieux.

O que tes baisers sont charmans!
Dorinde, tous ceux que tu donnes
Pourroient meriter des Couronnes
De Perles & de Diamans:
Cette douceur où ie me noye
Force par vn excez de ioye
Tous mes esprits à s'enuoler:
Mon cœur est palpitant d'vne amoureuse fievre,
Et mon ame vient sur ma levre
Alors que tes baisers l'y veulent appeller.

Si l'Amour alloit au tombeau,
Par vn noir effet de l'Enuie,
Tes baisers luy rendroient la vie
Et rallumeroient son flambeau:
Leur aimable delicatesse
A banny toute la tristesse
Qui rendoit mon sens confondu:
Mais vn Roy détrosné par le malheur des armes,
A la faueur des mesmes charmes
Se pourroit consoler d'vn Empire perdu.

La Manne fraische d'vn matin
N'a point vne douceur pareille;
Ny l'esprit que cherche l'Abeille
Sur la Buglose & sur le Thin:

Le meilleur sucre qui s'amasse
Et que l'art sçait reduire en glace,
N'a point ces appas rauissans;
Et mesme le Nectar sembleroit insipide
Au prix de se baiser humide
Dont tu viens de troubler l'office de mes sens.

Aussi les plus riches tresors
Qu'on tire du sein de la terre;
Et que pour engendrer la guerre
L'Ocean seme sur ses bords:
L'or & toutes les pierreries
Dont nous prouoquent les Furies
Pour enuenimer nos esprits.
Bref tout ce que l'Aurore à de beau dans sa couche,
Au prix des baisers de ta bouche,
Sont à mes sentimens des objets de mépris.

Sa Requeste ingenieuse.

S'Il est vray qu'on meure de ioye
Beaucoup plustost que de douleur;
Belle cause de ma douleur,
Fay moy perir par cette voye.

Puis que ma mort est ton desir,
Et que mon cruel déplaisir
N'a pû contenter ton enuie:
Philis ayme moy, seulement
Pour m'enuoyer au monument:
Car ie perdray soudain la vie
Par l'excés du contentement.

Le Depart.
CHANSON.

O Triste partement, que tes viues atteintes
 Me vont donner de desplaisirs:
Voicy toutes mes craintes,
La source de mes plaintes
De mes pleurs & de mes soupirs!
 Charite, ie m'en vais, & tous mes sacrifices
N'ont pû changer l'arrest du sort:
Je quitte mes delices,
Ie perds tous mes seruices,
O bons Dieux, que ne suis-ie mort!
 La Guerre me rauit, & l'Amour me transporte,
Qui me veut retenir icy:
Ma douleur est trop forte,
Mon esperance est morte,
Heureux si ie l'estois aussi.

Regrets superflus.

L'Excés du rigoureux supplice
Que mon cœur souffre nuit & iour,
Semble conuaincre d'iniustice
Le Ciel, la Nature, & l'Amour.
   Quelle mal-heureuse influence
Tyrannisant ma volonté,
Soûmet à la mesconnoissance
Mon esprit, & ma liberté?
   Ie sers tousiours d'vn soin fidelle
Ce qui me traite ingratement,
Et voüe vne amour immortelle,
A qui me hait mortellement.

La Plainte inutile.
STANCES.

ENfin pour mon affliction,
L'objet de vostre affection
Vous cause vne horreur apparente:
Mais dans ce soudain changement
Vostre repentir, Amaranthe,
Condemne vostre iugement.

Vous pouuiez aysément iuger
Auant que de vous engager
A faire estat de mes seruices,
Que lors que vous me soufririez,
Vous mesleriez trop d'iniustices
Aux faueurs que vous me feriez.

Deuiez-vous par ce mauuais choix
Egaler vne simple voix
A tant d'agreables merueilles :
Et d'vn soin peu iudicieux
Ne consulter que vos oreilles
Où vous deuiez croire vos yeux.

De moy ie suis au desespoir
Depuis que vous me faites voir
Que mon amour vous importune :
Et mes secrets ressentimens
Contre le Ciel & la Fortune,
Murmurent à tous les momens.

Si les Cieux m'eussent exaucé
Lors que ie fus embarassé
Dans cette chere confidence;
Ie possederois tant d'appas
Pour vous porter à la constance,
Que vous ne me quitteriez pas.

Mais

Mais par ce vain ressentiment
Ie m'oppose inutilement
A des passions obstinées:
Et c'est en vain se tourmenter
Contre vn arrest des Destinées
A qui ie ne puis resister.
  Que l'Amour d'autant de plaisirs
Accompagne tous vos desirs
Que vous m'auez donné de peine;
Pourueu qu'il fasse par pitié,
Que iamais vne iniuste haine
Ne suiue vne iniuste amitié.

Polipheme en furie.

SONNET.

IE vous voy Couple infame, enyuré de plaisir,
Quand vos secrets complots m'ont enyuré de rage:
Est-ce ainsi qu'on trahit mon amoureux desir,
Et que l'on ose encore irriter mon courage?

Ie vous voy, mesnagez vostre peu de loisir,
Vous ne me ferez plus que ce dernier outrage:
Ce morceau de rocher que ie vay vous choisir
Vous presse de bien-tost acheuer vostre ouurage.

K

LES AMOVRS

Maintenant ie vous tiens, rien ne peut destourner
Le iuste chastiment que ie vay vous donner,
Il faut que de ce coup ie vous reduise en poudre.
 Ainsi dit le Cyclope, à deux Amans transis;
Sa voix fut vn tonnerre, & la pierre vne foudre,
Qui meurtrit Galatée, & fit mourir Acys.

Apologie de la main temeraire.

O Fille ingrate autant que belle,
 Par quel sentiment inhumain
Oses-tu repousser ma main
Et la traiter en criminelle?
Sçache que sa temerité
Ne sçauroit auoir merité
Ny de chastiment ny de blame;
Puis qu'elle n'auoit fait dessein
Que d'aller reprendre mon ame
Que tes yeux m'ont volée, & mise dans ton sein.

Imitation d'Annibal Caro.
SONNET.

L'Amante de Cephale entr'ouuroit la barriere
Par où le Dieu du iour monte sur l'Horison;
Et pour illuminer la plus belle saison,
Desia ce clair flambeau commençoit sa carriere.

Quand la Nimphe qui tient mõ ame prisonniere,
Et de qui les appas sont sans comparaison,
En vn pompeux habit sortant de sa maison,
A cet Astre brillant opposa sa lumiere.

Le Soleil s'arrestant deuant cette Beauté,
Se trouua tout confus de voir que sa clarté
Cedoit au vif éclat de l'objet que i'adore :

Et tandis que de honte il estoit tout vermeil,
En versant quelques pleurs, il passa pour l'Aurore,
Et Philis en riant, passa pour le Soleil.

L'iniuste Tirannie.
SONNET.

LA Nature a formé le teint de Roselie
Auec tous ces appas, ces fleurs & ces clartez,
Que l'art ingenieux des Peintres d'Italie
Nous peut representer en des Diuinitez.

LES AMOVRS

Des plus hautes Vertus sa belle ame est remplie,
On y peut admirer cent rares qualitez :
Et si cette Beauté ne se treuue accomplie,
Il n'est point icy bas de parfaites Beautez.
  Cependant la Fortune, outrageuse Marastre,
A la persecuter se rend opiniastre;
Et ne s'appaise point des maux qu'elle à soufferts :
  Monstre, ennemy mortel des plus dignes personnes,
Faut-il que sans raison tu luy donne des fers,
Lors que si iustement tu luy dois des Couronnes ?

Reconnoissance d'vn bon Office.

MADRIGAL.

Miracle adoré des humains,
  Puis que ma fortune vous touche,
L'honneur que i'ay receu de vostre belle bouche
M'oblige de venir baiser vos belles mains.

Mais, ô diuin Objet, dont ie suis idolatre !
  Ne m'adresseray-je point mal ?
Pourray-je auec raison remercier l'Albatre
  Du bien que m'a fait le Coral ?

Sur vn parfaitement beau Portrait.
STANCES.

Amour fit de sa propre main
Cette merueilleuse Peinture;
Exprimant d'vn art plus qu'humain
Le plus celeste Objet qui soit en la Nature.

Au vif éclat de ces beaux yeux,
Il a mis les aymables charmes
Dont il force les plus grands Dieux
A luy faire tribut de soupirs & de larmes.

Sur les nouueaux lys de ce teint
Qui fait honte aux plus belles choses,
Il semble mesme qu'il ait peint
La fraischeur tout ensemble & l'incarnat des roses.

Ce beau poil enflé mollement
D'vn Zephir qui le frise en onde;
Dans vn desordre si charmant   (monde.
Peut bien donner des loix aux plus grands Roys du

Le tour de ces sourcils voûtez
Consacre deux Arcs à la Gloire;
Qui se courbans de deux costez,
Enrichissent d'Ebene vne table d'Yuoire.

Sa bouche est un corail viuant
Qui parfume l'air sur ses traces,
Et d'un stile doux & sçauant
Exprime les Vertus du mesme ton des Graces.

L'albastre mouuant de son sein
Qui repousse au large sa robe :
Au gré d'un modeste dessein,
Sous l'ombre d'un mouchoir à moitié se dérobe.

Que sa taille encore à d'appas !
Iunon ne l'auoit point si belle,
Quand la majesté de ses appas
Apprenoit aux mortels qu'elle estoit immortelle.

Ces traits ont un charme secret
Par qui l'ame est embarassée :
Car sans contrainte & sans regret
On n'en peut retirer ses yeux ny sa pensée.

Chaste Objet, diuine Beauté,
Que l'on peut mettre au rang des Anges :
Si ce Portrait n'est pas flaté,
Vous ne la serez point par toutes mes loüanges.

Pour vne Beauté. Chanson.

BElle Philis, ie vous promets
De me souuenir à iamais
Des deuoirs dont vostre merite
    Me sollicite.
S'il faut que le bruit de mes vers
S'espande par tout l'Vniuers :
En tous lieux vostre renommée
    Sera semée.
Fille égale aux Diuinitez,
Vous auez mille qualitez,
Vous auez mille appas encore
    Que l'on adore.
Qui void l'azur de vos beaux yeux,
Et ne connoist pas que des Cieux
C'est vn miracle tout visible,
    Est insensible.
Que le beau sang dont vous sortez
Paroist en vos rares bontez :
Ce sont des traits que le vulgaire
    Ne produit guere.
Si le Ciel exauçoit mes vœux,
Vostre front & vos beaux cheueux
Seroient pressez à l'heure mesme
    D'vn Diadesme.

Sur de beaux yeux.

BElle Sydere, Astre nouueau,
Vn soir que vous estiez sur l'eau
Aussi bien que l'Astre du monde :
L'éclat de vos beaux yeux qui n'a point de pareil,
Obligea les Nimphes de l'onde
A venir vous offrir le Palais du Soleil.

A VRANIE.

LA charmante mere d'Amour
Se plaignoit de vous l'autre iour,
Contre vos beautez irritée :
Et le sujet de son courroux,
C'est que les Graces l'ont quittée
Pour demeurer auecque vous.

A AMARANTE.

AVec cette pudicité
Qu'on admire en vostre Beauté,
Minerue pouuoit estre peinte;
Lors qu'elle demandoit encor,
Entre l'esperance & la crainte,
Vn Arrest sur la Pomme d'or.

Fin des Amours.

POUR LES SERENISSIMES MAIESTEZ DE LA GRAND'BRETAGNE.

EGLOGVE MARITIME.

PROTHEE, CIRCENE, ET LEVCOTHOE.

PROTHEE.

SOVS un grand Rocher tout caué
Par les flots qui luy font la guerre,
Et dont le sommet éleué
Braue les éclats du tonnerre :
On treuue un Antre spacieux
Où toûjours la clarté des Cieux
S'introduit parmy les tenebres,
Et que respectent les Destins
Comme une des Salles celebres
Où Neptune fait des festins.

VERS HEROIQVES

Là quand je viens à m'ennuyer
De suiure la troupe écaillée;
Je puis en repos essuyer
Le poil de ma barbe moüillée:
Et sans craindre qu'vn indiscret
Se vienne enquerir du secret
De la fortune qui le touche;
J'y puis dormir au bruit des eaux
Sur vne maritime couche
Faite de joncs & de roseaux.

Vn jour par hazard je surpris
En cette demeure deserte
Vne des filles de Doris,
Et la mere de Melicerte;
Ces deux Nymphes dans le repos
Tenoient d'agreables propos
Durant que le temps estoit calme:
Et par mille discours charmans
Debatoient ensemble vne palme
A la gloire de deux Amans.

Sans faire bruit je m'auançay
Pour entendre leur conference;
Mais mon Ombre quand je paſſay
Trahit auſſi toſt ma preſence.
Approche toy vieillard ſçauant,
Dit Circene en m'aperceuant,
Et nous viens juger je te prie;
Nous gagerons à qui de nous
En loüant CHARLES & MARIE
Produira les vers les plus doux.

CIRCENE.

En tes mains je vay dépoſer
Vn grand vaſe de Pourcelaine
Dont m'a voulu fauoriſer
Vn Dieu de cette humide plaine.

LEVCOTHOE.

Et moy je gage vn flageolet
Fait d'vn ambre blanc comme lait,
Et d'vn art qui n'eſt point vulgaire
Qu'apres mille amoureux ſanglots,
Vn Paſteur qu'on n'écoutoit guere
Jetta par dépit dans les flots.

A ij

VERS HEROIQVES

PROTHEE.

Cependant que pour disputer
Elles prenoient leurs auantages,
Je m'aßis pour les écouter,
Et mis la main deſſus les gages.
Lors tenant un bras éleué,
Apres auoir un peu reſué
Et veu qu'on luy preſtoit ſilence,
Circene fronçant le ſourcy
D'une agreable violence,
Commença de parler ainſi.

CIRCENE.

Deſtins au pouuoir ſouuerain,
Artiſans des choſes futures,
Qui deſſus des tables d'airain
Grauez toutes nos auentures:
N'auez vous pas entre vos dois
La fortune des plus grands Rois,
Chez qui la Gloire ſe retire;
Lors que vous tournez les fuſeaux
De ce beau couple dont l'Empire
Eſt abſolu deſſus les eaux?

LEVCOTHOE.

Mere de tant de beaux objets
Qu'on voit pareſtre dans le monde;
Qui fais viure tous les Subjets
De l'Air, de la Terre & de l'Onde.
Sage Nature dont les mains
Forment les plus grands des humains
D'vne adreſſe ſi liberale,
As-tu rien mis dans l'Vniuers
Qui pour le merite s'égale
Au digne ſujet de mes vers?

CIRCENE.

Les flots qui viennent aſſaillir
Le flanc de ces rochers humides,
Font juſques aux Cieux rejallir
Mille & mille perles liquides:
Et l'on auroit peine à compter
Les feux que l'on voit éclater
Dans le voile de la nuit ſombre;
Mais l'Heritier du grand Artus
A des graces en plus grand nombre,
Et brille de plus de vertus.

VERS HEROIQVES

LEVCOTHOE.

L'ambre parfume tous ces bors;
Et toûjours quand la Mer est haute
Elle enrichist de ses tresors
Les habitans de cette Coste:
Mais enuers la chaste Beauté,
Que CHARLES void à son costé
Les Cieux ne furent pas auares;
Car l'Ocean dans sa grandeur
N'a point de richesses plus rares,
Ny qui soient en meilleure odeur.

CIRCENE.

Vulcan dans son Antre voûté
Fait pour CHARLES vne cuirasse
Où son art a representé
Le Bosphore & toute la Thrace.
Venus y portant ses regars
Est en peine si c'est pour Mars
Que ce beau Chef-d'œuure se graue;
Mais le vieillard plein de couroux
Dit que c'est pour vn Mars plus braue
Que celui qui le rend jaloux.

LEVCOTHOE.

Minerue se vantoit vn jour,
Releuant bien haut son merite :
Lors qu'auec peu de mots, Amour
La rendit confuse & dépite.
Superbe (dit-il) penses-tu
Pour l'esprit & pour la vertu
Gagner le premier auantage ?
Cette Isle fleurit sous vn Roy,
Dont l'Espouse est cent fois plus sage,
Et plus genereuse que toy.

CIRCENE.

A l'heure que CHARLES nasquit
Parmy ces Isles fortunées,
Son Illustre pere s'enquit
Quelles seroient ses destinées.
Merlin sortant de son tombeau,
Dit que ce seroit vn flambeau
Qui brusleroit toute l'Asie ;
Lors qu'à Bizance paroissant,
Il luy prendroit en fantaisie
D'aller esteindre le Croissant.

VERS HEROIQVES

Aussi dés l'âge le plus bas,
Il pratiquoit des exercices
Qui tesmoignoient que les combats
Seroient quelque jour ses delices.
Il ne se pouuoit arrester
Qu'à tirer de l'arc & luter,
Ou se rendre vn cheual docile :
Et s'y prenoit de la façon
Que faisoit autrefois Achille
Quand il estoit jeune garçon.

Dieux ! vueillez-le fauoriser
Où vostre gloire est engagée :
Permettez qu'il aille briser
Les fers dont la Grece est chargée.
Déja ses braues Matelots
Deuroient foudroyer tous les flots
Que Leandre passoit à nage :
Les termes en sont arriuez ;
Ne retardez pas dauantage
L'honneur que vous luy reseruez.

LEVCOTHOE

LEVCOTHOE.

La Beauté qui regne en ces lieux
Adorable dés sa naissance,
Est vn Miracle que les Cieux
Donnerent aux vœux de la France;
Ses yeux sceurent parfaitement
Dés qu'ils eurent du mouuement,
Charmer l'ame la plus farouche:
Et le nectar sembla couler
Des roses de sa belle bouche,
Aussi tost qu'elle sceut parler.

Elle brilloit de mille apas
Dés son enfance la plus tendre;
Tous les Deuins ne celoient pas
Qu'elle mettroit le Monde en cendre;
Et quand cét Astre rauissant
Dont la grace alloit en croissant,
Descouurit son esprit celeste,
Pallas qui la suit en tous lieux,
Par ses soins luy donna le reste
De la ressemblance des Dieux.

VERS HEROIQVES

Maintenant elle est en estat,
Où tout cœur luy doit faire hommage,
Et celuy d'vn grand Potentat
Sert de Temple à sa belle Image.
Le Thermodon dans son bon-heur
A moins veu de gloire & d'honneur
En ses Reynes des Amazones;
Lors que ces superbes Beautez
Se venoient asseoir sur les Thrônes
Des Roys qu'elles auoient domptez.

CIRCENE.

Lors que le Monarque puissant,
A qui tous les flots obeissent,
Marchoit en inconnû passant
Par l'Estat où les Lys fleurissent;
Sa grace épand vne splendeur
Qui ne peut celer sa grandeur
Durant vn si secret voyage:
Et les gens les moins auisez
Se souuinrent lors de cét Age,
Où les Dieux alloient déguisez.

Et quand pour son retour icy
L'on eust fait armer vne flote :
La Fortune en prit le soucy
Et luy vint seruir de Pilote.
Grand Prince, luy dit-elle alors,
Asseure toy qu'en mille Ports
Tu dois saccager des Barbares :
Et qu'vn jour tu possederas
Plus de la moitié des Tiares
Qui pendent autour de mon bras.

LEVCOTHOE.

Au temps que sa Moitié passa
De la France dans l'Angleterre,
L'orgueil des flots qui s'abaissa
Deuint vny comme du verre.
Les vents furent respectueux,
Qui d'vn effort impetueux
Font monter l'eau jusqu'aux Estoilles ;
Et sur ce liquide Element,
Le seul Zephire enfla les voiles
Iusques à son débarquement.

VERS HEROIQVES

Les Diuinitez de la Mer
Qui se presserent pour la suiure ;
Eurent plus d'ardeur à l'aimer
Qu'elles n'ont de plaisir à viure.
Et voyant dessus son beau teint
Les viues roses dont se peint
Le visage frais de l'Aurore :
Dirent auant que la quitter,
C'est Europe qui passe encore
Entre les bras de Iupiter.

CIRCENE.

Deslors que Thetis aperceut
Ce couple d'Amans adorables,
En sa faueur elle conceut
Mille Prodiges agreables :
De là vient, que vers ces confins,
On a veu de nouueaux Dauphins
Portans des couronnes dorées :
Et qui sur les miroirs polis
De leurs écailles azurées
Auoient des Roses & des Lys.

LEVCOTHOE.

Que ces deux Amans sont heureux !
Aucun soucy ne les trauerse ;
Et leurs sentimens amoureux
Entretiennent vn doux commerce.
Hymen, qu'ils te sont obligez !
Le joug dont tu les as chargez
N'est qu'vn filet d'or & de soye ;
Ils ont tant de contentement,
Que si rien surpasse leur joye
C'est leur merite seulement.

CIRCENE.

Les campagnes ny les Citez
Ne sont point icy rauagées ;
Car toutes les felicitez
Y sont en seureté logées.
Quel bon-heur se peut souhaiter
Que CHARLES ne puisse gouster
Auec sa celeste Compagne ?
Et voit-on rien d'égal au fruit
Que dans le sein de la Bretagne,
Ce diuin Soleil a produit ?

LEVCOTHOE.

Cette merueille de nos jours
Qui toute autre Beauté surpasse,
A produit deux petits Amours
Suiuis d'vne nouuelle Grace.
Le Ciel se plaist à les benir,
Et si de leur gloire à venir
On peut juger par l'aparance;
C'est peu pour tant d'apas diuers
Que de flater leur esperance
D'vne moitié de l'Vniuers.

CIRCENE.

Leur grace & leurs raisonnemens
Deuancent de beaucoup leur âge;
L'Automne est en leurs sentimens,
Et le Printemps en leur visage.
Le fils de Cythere auec eux
Va passer le temps à des jeux,
Où les Enfans se diuertissent;
Et fasché de se voir moins beau,
Est jaloux quand ils se saisissent
De son arc, ou de son flambeau.

LEVCOTHOE.

Themis en ce Climat heureux
N'esprouue point la violence,
Dont vn desordre rigoureux
Fait pancher ailleurs sa balance.
Ce peuple viuant sous vn Roy,
A qui la vertu sert de Loy,
Y rend l'injustice inconnuë;
Et l'Enuie à beau murmurer,
La Raison ny la retenuë
N'y treuuent rien à censurer.

Aussi comme en cét Age d'or,
Où les cœurs se treuuoient sans vice;
La Gloire & le bon-heur encor
Y regnent auec la Iustice.
Il n'y croit jamais de poisons,
Le Soleil y fait des saisons
Qui ne sont ny froides ny chaudes;
Les champs de fruits s'y vont chargeant;
Les herbes y sont d'esmeraudes,
Et les ruisseaux y sont d'argent.

VERS HEROIQVES

CIRCENE.

MARIE est l'Objet le plus beau
A qui la vertu donne lustre ;
On y voit comme en un Tableau
Tout ce que son sexe à d'illustre.
La foible innocence aujourd'huy
La tient pour son meilleur apuy ;
L'Honneur la choisit pour son Temple,
Et la Prudence pour se voir,
Depuis qu'elle à son bel exemple
Ne veut plus porter de miroir.

⁂

Les Arts sous sa protection
Reprenent leur éclat antique,
Et son ame auec passion
Aime les vers & la musique.
Aussi dans un fidele soin
Les Muses font sçauoir bien loin
Tant de qualitez adorables ;
Et dans leur aimable entretien,
N'ont point de douceurs comparables
A celle d'en dire du bien.

LEVCOTHOE

LEVCOTHOE.

Lors que tous les vents resserrez,
Dorment en leurs grotes profondes,
Et que mille rayons dorez,
Brillent dessus l'argent des Ondes.
CHARLES durant vn doux loisir,
Vers le soir par fois prend plaisir
A s'asseoir dessus ces riuages,
Et s'entretient en regardant
L'or & le pourpre des nuages
Que le jour peint en l'Occident.

Neptune par les eaux porté
Sur vne Coquille flotante,
Y promeine sa Majesté
Suiuy d'vne troupe inconstante.
Les Tritons au cœur enjoüé
Auec leur Cornet enroüé,
Meinent du bruit sur son passage:
Et s'auançans deuers le bord,
Font de sa part quelque message,
Au jeune Monarque du Nord.

VERS HEROIQVES

Les Nymphes sortans pour le voir
Hors de l'Eau jusqu'à la poitrine,
Luy presentent en ce deuoir
Les richesses de la Marine.
Les vnes luy portant des faix
De perles, & de coral fraix,
En restent toutes décoiffées :
Et les autres en cent façons
Luy viennent offrir des trophées
De tous les plus rares poissons.

CIRCENE.

Lors que le Soleil du Printemps
Eschauffe le Taureau celeste,
Et que la rage des Autans
Ne produit plus rien de funeste.
Lors que d'vn beau jour éclairez,
Les bois & les champs sont parez
De leurs vertes tapisseries,
Et que le vif cristal des eaux
Gazoüille parmy les prairies
A l'enuy des petits oyseaux.

MARIE auec toute sa Cour
Monte dessus des haquenées,
Et dans les beaux lieux d'alentour
Va chasser les apresdisnées.
Le cheual noble & glorieux,
Qui porte vn faix si precieux
Est de poil & de taille à peindre,
Et va d'vne legereté,
Que les vents ne sçauroient ataindre
Qui partent d'vn mesme costé.

Les Driades qui font des vœux
Pour voir vne Reine si belle,
Prennent par fois de ses cheueux
Qu'elles gardent pour l'amour d'elle.
De la verte écorce des bois
Pour grauer son Chifre & ses Loix
Les Fauues se font des tablettes :
Et Diane qui la conduit,
Seme toûjours des violettes
Dessus les routes qu'elle suit.

VERS HEROIQVES

LEVCOTHOE.

Sa voix a de si doux apas
Que rien ne s'en sçauroit defendre;
Les Dains qui vont deuant ses pas
S'arrestent parfois pour l'entendre.
Enchantez d'vn si doux plaisir,
Ils ne prennent pas le loisir
De sentir le dard qui les touche :
Et semblent mourir sans effort
Tournant l'œil vers la belle bouche
Qui les menaçoit de la mort.

CIRCENE.

Les Pilotes n'ont plus de peur
De ces Ministres de la Parque.
Qui par vn chant doux & trompeur
Ont fait perir plus d'vne barque.
Grace à nostre Diuinité
Les vaisseaux sont en seureté
De ces douceurs persuasiues;
Car depuis la premiere fois
Qu'elle chanta dessus ces riues,
Les Serenes n'ont plus de vois.

PROTHEE.

Nymphes c'est assez disputé :
La nuit vous impose vne tréue,
Le Soleil couche sa clarté,
Et voila sa sœur qui se leue.
La victoire ne paroist point :
Il me semble qu'à mesme point
Vostre eloquence est arriuée :
Et ce debat fait voir encor
L'égalité qui fut treuuée
Au combat d'Ajax & d'Hector.

O grande REINE, c'est ainsi
Que l'on celebre vos loüanges ;
Et que je les publie aussi
Sur les riues les plus estranges.
C'est ainsi qu'en vostre faueur
On fait choix auecque ferueur
Des conceptions les plus nettes ;
Benissant la sainte amitié
De ce digne Tout dont vous estes
Vne belle & chaste Moitié.

VERS HEROIQVES

Les Nymphes s'échauffoient assez
En conceuant ces traits de flame,
De qui les objets sont passez
Agreablement dans mon Ame.
Certes, ce petit different
Est vn témoignage bien grand
Du zele dont on vous honore:
Et cét effort fit vn effet
Dont le penser me plaist encore,
Et si j'en suis peu satisfait.

Les qualitez de vostre Espoux
Que l'on tient si braue & si sage:
Et les apas qu'on void en vous
Meritoient beaucoup dauantage.
La Renommée en a plus dit
En cent lieux où vostre credit
S'establist par vostre merite;
Mais dans l'éclat où l'on vous voit,
Il est mal-aisé qu'on s'aquite
De tout l'honneur que l'on vous doit.

DE Mr TRISTAN.

Les Muses qui veulent chanter
Les merueilles qu'on en raconte,
Taschent de vous representer,
Et ne trauaillent qu'à leur honte :
Vostre beau visage à des fleurs
Prés de qui, leurs viues couleurs
Ne sont qu'vne morte peinture :
Et vos Beautez sçauent charmer
Par mille dons de la Nature
Que l'Art ne sçauroit exprimer.

De moy qui sçay tous les secrets
Du vieux liure des Destinées,
Et qui voy d'insignes progrés
En la suite de vos années.
Ie ne sçaurois plus vous celer
La gloire qui se doit mesler
A vos innocentes delices.
Si les Dieux que vous imitez,
Ne vous rendent cent injustices,
Vous aurez cent prosperitez.

VERS HEROIQVES

Comme pour vous donner le prix
Sur toutes les plus belles choses,
L'adresse des meilleurs Esprits
Vous fait des couronnes de roses ;
Ainsi connoissant le futur
La Victoire aux aisles d'azur
Pres de vostre Mary s'areste :
Et de cét illustre Guerrier
Mesure le tour de la teste
Pour la couronner de laurier.

Auant qu'il soit vn lustre entier
Nous verrons des Grands de la Terre
Venir captifs en ce quartier ;
Maudissans le sort de la guerre.
Soit qu'il se porte à rauager
Les Forts de Thunis & d'Alger
Pour vne premiere auanture :
Soit qu'il dresse vn grand apareil
Pour aller voir la sepulture
De l'Oyseau qui vit sans pareil.

DE Mr TRISTAN.

Vos ennemis humiliez,
Se mettront dans l'obeïssance;
Les moindres de vos Alliez
Braueront toute autre Puissance,
Puis, selon vos justes souhais,
Lors que vous regnerez en paix
Dessus la Terre & dessus l'Onde,
Vous verrez vos jeunes Enfans
Reuenir des deux bouts du Monde
Victorieux & triomphans.

LOrs que Monseigneur frere vnique du Roy a la commander les armes de sa Majesté deuant la Rochelle ; En l'année 1625. les assiegez firent vne furieuse sortie, où le Sieur de Maricour, Gentilhomme de Picardie de tres-bonne condition, de haut merite, & l'vn des meilleurs Amis du Sieur Tristan, fut tué. Depuis ce funeste jour, les bons ordres qui furent donnez, ayans empesché les assiegez de rien entreprendre. L'Autheur employa quelques heures de l'oysiueté de l'Armée, pour faire cette description des diferens aspects de la Mer. Où selon l'adresse dont son esprit estoit capable en cét âge ; Il témoigne ensemble, le regret qu'il auoit pour la perte de ce noble Caualier, qui estoit son Amy, & les vœux ardans qu'il faisoit pour la prosperité de ce grand Prince, qui estoit son Maistre.

LA MER,
A
SON ALTESSE
ROYALE.
ODE.

DEPVIS la mort de Maricour
J'ay l'Esprit plein d'inquietude :
J'abhorre le bruit de la Cour
Et n'aime que la solitude.
Nul plaisir ne me peut toucher
Fors celuy de m'aller coucher
Sur le gazon d'vne falaise,
Où mon dueil se laissant charmer
Me laisse réuer à mon aise
Sur la majesté de la Mer.

VERS HEROIQVES

N'est-ce pas vn des beaux objets
Qu'ait jamais formé la Nature ;
N'est-ce pas vn des beaux sujets
Que puisse prendre la Peinture ?
Et ce Courage ambitieux
Qui pensant voler jusqu'aux Cieux
Eut vne celebre disgrace ;
En faillant vn dessein si beau,
Pouuoit-il cacher son audace
Dans vn plus superbe tombeau ?

L'eau qui s'est durant son reflus
Insensiblement éuadée ;
Aux lieux qu'elle ne couure plus
A laißé la vase ridée.
C'est comme vn grand champ labouré :
Nos soldats d'vn pas asseuré
Y marchent sans courir fortune ;
Et s'auançans bien loin du bord,
S'en vont jusqu'au lict de Neptune
Considerer le Dieu qui dort.

Le vent qui murmuroit si haut,
Tient maintenant la bouche close
De peur d'éueiller en sursaut
La Diuinité qui repose.
La Mer dans la tranquilité
Auecque tant d'humilité
Dissimule son insolence,
Qu'on ne peut soupçonner ses flots
De la cruelle violence,
Dont se plaignent les Matelots.

Le Soleil à long traits ardans
Y donne encore de la grace ;
Et tasche à se mirer dedans
Comme on feroit dans vne glace :
Mais les flots de vert émaillez
Qui semblent des Iaspes taillez ;
S'entredérobent son visage ;
Et par de petits tremblements
Font voir au lieu de son Image
Mille pointes de diamants.

Quand cét Astre ne vient encor
Que de commencer sa carriere
Dans des Cercles d'argent & d'or,
D'azur, de pourpre & de lumiere :
Quand l'Aurore en sortant du lit
Elle que la honte embellit
Rend la couleur à toutes choses :
Et montre d'vn doigt endormy
Sur vn chemin semé de Roses
La clarté qui sort à demy.

Au leuer de ce grand flambeau
Vn étonnement prend les ames ;
Voyant icy naistre de l'Eau
Tant de couleurs & tant de flames.
C'est lors que Doris & ses sœurs
Benissans les claires douceurs
Du nouueau jour qui se r'allume ;
S'aprestent à faire secher
Leurs cheueux blanchissans d'écume
Dessus la Croupe d'vn Rocher.

Souuent de la pointe où je suis,
Lors que la lumiere decline,
I'aperçois des jours & des nuits
En mesme endroit de la marine.
C'est lors qu'enfermé de broüillards
Cét Astre lance des regards
Dans vn nuage épais & sombre
Qui reflechissans à costé,
Nous font voir des montagnes d'ombre
Auec des sources de clarté.

Lors que le temps se veut changer
Que la Nature qui s'ennuye
Se va quelque part décharger
De sa tristesse auec la pluye.
Lors mille monstres écaillez
Que la tourmente à réueillez,
Sortent de l'Onde à sa venuë,
Saluant Iris dans les Cieux,
Qui vient étaler dans la nuë
Toutes les delices des yeux.

Mais voicy venir le montant,
Les Ondes demy courroucées
Peu à peu vont empiétant
Les bornes qu'elles ont laissées.
Les vagues d'vn cours diligent,
A longs plis de verre ou d'argent
Se viennent rompre sur la riue :
Où leur debris fait à tous coups
Rejallir vne source viue
De perles parmy les cailloux.

Sur ces bords d'ossemens blanchis
De pauures pescheurs font la ronde,
Esperans bien d'estre enrichis
Par quelque largesse de l'Onde.
Car la Mer eternellement
Garde ce noble sentiment,
Auecque son humeur brutale,
De n'engloutir aucuns trésors,
Que d'vne fougue liberale
Elle ne jette sur ses bords.

Quand

DE Mr TRISTAN.

Quand les vagues s'enflent d'orgueil,
Et se viennent creuer de rage
Contre la pointe d'vn Ecueil,
Où cent barques ont fait naufrage.
Alors qu'vne sombre vapeur
Imprime vne mortelle peur
Auec ses presages funestes;
Et que les vents seditieux
Pour éteindre les feux Celestes,
Portent l'eau jusques dans les Cieux.

Le vaisseau poussé dans les airs,
N'aperçoit point de feux propices:
On n'y void au jour des éclairs
Que gouffres & que precipices.
Tantost il est haut élancé,
Tantost il se treuue enfoncé
Iusques sur les sablons humides:
Et se void toûjours inuestir
D'vn gros de montagnes liquides,
Qui s'auancent pour l'engloutir.

L'Orage ajoûte vne autre nuit
A celle qui vient deſſus l'Onde;
Et la Mer fait vn ſi grand bruit
Qu'elle en aſſourdit tout le monde.
La foudre éclate inceſſamment:
Et dans ce confus Element
Il deſcend vn ſi grand deluge,
Qu'à voir l'eau dans l'eau s'abyſmer,
Il n'eſt perſonne qui ne juge
Qu'vne Mer tombe dans la Mer.

Le Pilote deſeſperé
Du temps qui l'eſt venu ſurprendre,
N'a pas le front plus aſſuré
Qu'vn criminel qu'on meine pendre.
La noire Image du malheur
Confond ſon art & ſa valeur;
Il ne peut faire aller aux voiles:
Il n'entend plus à ſon trauail,
Ne reconnoiſt plus les Eſtoilles;
Et ne tient plus le gouuernail.

Son sens ne se peut rapeller,
Son courage vient à se rendre,
Il n'a pas l'esprit de parler;
Ny ses gens celuy de l'entendre.
Il se perd dans l'obscurité,
Et si quelque foible clarté,
Luy paroist parmy les tenebres,
Dans le Ciel tout tendu de dueil,
Il croit voir des flambeaux funebres
Allumez dessus son cercueil.

Apres cette grande rumeur
Les vents tout à coup font silence,
Et la Mer en meilleure humeur
Perd sa rage & sa violence.
Les Tritons d'écailles vestus,
Auecque leurs cornets tortus,
En sonnant charment la furie,
Et se monstrans de tous costez
Apaisent la mutinerie,
Où les flots s'estoient emportez.

Le jour en partant d'Orient,
L'écume toute fraische éclaire;
Et poursuit son cours en riant,
D'auoir pris la Mer en colere.
Ceux que le Ciel a preseruez,
A l'heure se voyans sauuez,
Reprennent auſſi tost courage;
Et perdent leurs deuotions
Et le souuenir de l'Orage
Voyans voguer des Alcyons.

Le Pirate au cœur endurcy,
Où la violence est emprainte,
Voyant le temps tout éclaircy
Rougit d'auoir pasly de crainte.
Il braue ce fier Element
Qui le combloit d'étonnement
En luy découurant ses abysmes:
Et s'aſſure tout de nouueau,
Que ce Complice de ses crimes
Ne sera jamais son bourreau.

GASTON, daigne voir ce Tableau ;
Et ne m'impute pas à blâme
Si je te presente de l'Eau,
A toy qui parois tout de flame.
Nos Oracles sont des menteurs,
Et nos Deuins des imposteurs,
Ou tu joindras à ton Domaine
Tous les Estats & les Confins,
Où le Dieu des Ondes promeine
Son Char tiré par des Dauphins.

Cette Isle qui par tant de jours,
Fut étroitement assiegée,
Te doit l'honneur de son secours,
Et celuy de s'estre vengée.
Ce fut ta liberalité
Qui treuua la facilité
D'y faire entrer tant de Pinaces,
Qui promirent sous ton aueu
De ne craindre pas les menaces
De toute l'Angleterre en feu.

VERS HEROIQVES

Ce fut toy qui les animas;
Ce fut toy qui les fis resoudre
A percer des Forets de Mats,
D'où sortoient tant d'éclats de foudre.
Et nos Soldats auantureux,
Sous tes auspices bien-heureux,
Veirent dans la nuit la plus brune
Que si tout les fauorisoit,
Ils deuoient leur bonne fortune
A ton œil qui les conduisoit.

Mais grand Prince, tout cét honneur
N'est qu'vn des rayons de la gloire,
Dont ton courage & ton bon-heur
Enrichiront vn jour l'Histoire.
Cét admirable euenement
N'est qu'vn petit trait seulement
D'vne vertu que l'on adore :
Et pour couurir ton front guerrier,
La Victoire fait bien encore
D'autres Couronnes de Laurier.

DE Mr TRISTAN.

Soit que la Grece en sa douleur,
Par ses gemissemens t'apelle;
Et sollicite ta valeur
De rompre son joug infidelle.
Soit qu'auec tes Predecesseurs
Tu vueilles pretendre aux douceurs
De Naples & de la Sicile;
Tout obstacle sera brisé:
Et ton bras se rendra facile,
Le dessein le plus mal-aysé.

Ce sera lors qu'auec des Vers
Qui naistront d'vne belle veine;
Ie feray voir à l'Vniuers
Que ta valeur est plus qu'humaine.
Mes trais auront tant de clartez,
De pompe, d'art & de beautez,
Que l'Enuie en deuiendra blesme;
Et baissant ses honteux regars,
Pensera qu'Apollon luy-mesme
Ait écrit les gestes de Mars.

L'AVANTVRE
D'VN PESCHEVR

I'Aprestois mes filets vn jour
Plein d'espoir d'ardeur & de joye;
Quand j'entray dans ceux de l'Amour,
Et deuins sa nouuelle proye.

Proche des bords de mon Bateau
Ie vids passer l'aymable Elise;
Et vers vn ameçon si beau
Ie laissay donner ma franchise.

Depuis l'objet de sa beauté
Me tient toûjours inquieté,
Ny nuit, ny jour je ne repose :

Voyez l'erreur de nos Esprits!
L'homme propose & Dieu dispose;
Ie pensois prendre, & je fus pris.

LEs deux Odes qui suiuent, & qui sont faites sur les progrez que son Altesse Royale a faits en Flandre commandant les Armes de sa Majesté, monstrent bien que les lumieres des Muses donnent jusques dans l'auenir ; & meritent que leurs antousiasmes soient considerez.

A

A
SON ALTESSE
ROYALE,
Sur la prise de
GRAVELINE.
STANCES.

GASTON, depuis long temps je l'auois bien predit,
    Que si vous auiez le credit
De gouuerner vn jour les armes de la France;
Vous sçauriez hautement écarter le malheur,
    Et par mille trais de prudence,
    Et par mille éclats de valeur.

F

VERS HEROIQVES

Maintenant cét Oracle est vrayment accomply:
    Vous auez dignement remply
Ce qui restoit de vuide en ces grandes attentes:
L'ennemy vous a veu comme l'Astre de Mars,
    Et la seule ombre de vos tentes
    A fait trembler tous ses rempars.

Le plus vaillant des Grecs & le plus redouté,
    Fut dix ans deuant la Cité,
Qui de tant de Lauriers veid couronner ses peines;
Mais comme vos trauaux precipitent le temps,
    Vous auez fait en six semaines
    Ce qu'Achille fit en dix ans.

Comme vn puissant Lyon que l'on tient arresté,
    Fait effort pour sa liberté,
Et toûjours à ses fers veut donner quelque entorce;
Il s'élance, il rugit, auec des yeux ardents,
    Et brûle de monstrer la force
    De ses ongles & de ses dents.

Ainsi vostre valeur qu'on empeschoit d'agir
  Vous faisoit pâlir & rougir,
La voyant enchainée auec tant d'injustice :
Et vostre cœur Royal bien souuent s'irritoit
  De n'estre pas en exercice,
  Dans les emplois qu'il meritoit.

La Fortune aujourd'huy connoit mieux la raison,
  Le Ciel a changé la saison,
Qui fut pour vos destins si fascheuse & si sombre :
Et tout ce que la France à de fameux Guerriers,
  Se presse d'aller à vostre ombre
  Faire des moissons de lauriers.

Si l'on peut du futur connoistre les secrets,
  O ! que vous joindrez de progrés
A ce grand coup d'essay dont l'Europe s'étonne !
Et que les Souuerains du Couchant & du Nord,
  Ebranleront peu la Couronne,
  Dont vostre espée est le suport.

VERS HEROIQVES

Mais, ô Prince admirable, Enfant de tant de Rois,
    Destiné pour les grands exploits,
Vous ne ferez pas seul ces merueilles étranges.
Vne illustre Beauté sans courre aucun hazard,
    Et sans amoindrir vos loüanges,
    Y doit prendre beaucoup de part.

C'est ce diuin objet de vostre chaste amour,
    Où cent vertus font leur séjour;
C'est cette non-pareille & celeste Princesse,
Qui recourt aux Autels, lors que vous combatez,
    Et les sollicite sans cesse
    D'acroistre vos prosperitez.

La pieté des Vœux que forme vn si beau Cœur,
    Vous fait éuiter le mal-heur
Qu'on treuue bien souuent en cherchant la Victoire:
Et les pleurs qui pour vous coulent de ses beaux yeux,
    Quand ils demandent vostre gloire,
    Font tomber les palmes des Cieux.

A SON ALTESSE ROYALE,

Sur ses autres progrés en Flandre, commandant les Armes du Roy.

ODE.

NYMPHE aux batailles apellée ;
Qui la trompette dans les mains
Fais bruire d'vne bouche enflée
Les noms des plus grands des humains.
C'est toy qui dois ouurir ma veine,
Pour loüer d'vne voix hautaine
Le premier de nos demy-Dieux :
Loin, vulgaire à la plume basse
De qui le style est odieux ;
Pres de nous vous auriez l'audace
D'vn fascheux Corbeau qui croace
Pres d'vn Cygne melodieux.

VERS HEROIQVES

Le noble Sujet de mes veilles
Demande de plus hauts secrets:
Il faut étaler des merueilles
Qui tonnent comme ses progrés.
Il faut parmy de belles choses
Mesler des Lauriers à des Roses
Qui soient dignes de son aueu.
Il faut en ce lieu se resoudre
A s'en éloigner de fort peu;
Et si dans le sang & la poudre
On l'a veu passer comme vn foudre,
Passer en ces vers comme vn feu.

Les premiers ans de sa jeunesse
Ont esté connûs à nos yeux;
Nous sçauons par quelle largesse
Il receut des faueurs des Cieux.
Comme en cét estat d'innocence
Il auoit tant de connoissance,
De lumieres & de clartez,
Qu'on l'obseruoit comme vn Ouurage
Produit pour nos felicitez,
Et qu'on s'étonnoit en nostre Age,
De voir vn si grand assemblage
De merueilleuses qualitez.

DE Mr TRISTAN.

La Fortune de qui l'enuie
Trauerse toûjours la Vertu ;
Ialouse de sa belle vie,
Sans justice l'a combatu.
C'est vn Soleil dont vn nuage
A long temps caché le visage,
Auec cent obstacles diuers.
Sa splendeur fidelle & guerriere
Est enfin passée à trauers ;
Reprenant sa force premiere,
Le vif éclat de sa lumiere
Se fait voir à tout l'Vniuers.

Depuis que l'orgueil de l'Espagne
Le treuue au front de nos Guerriers,
N'a t'il pas à chaque Campagne
Remporté de fameux Lauriers ?
Son courage & sa vigilance
Ont sçeu reprimer l'insolence
Des voisins les plus redoutez :
Et sous l'aisle de la Victoire
Il a fait ouurir des Citez,
Dont la prise enrichit l'Histoire,
Et dont le bruit mesle sa gloire
Auecque nos prosperitez,

Graueline, cette indomptée
Qui l'atira pour son malheur ;
A connu qu'elle est la portée
De son sens & de sa valeur :
Elle a veu de coups de tonnerre
Mettre ces Bouleuars par terre,
Qui nous ont braué tant de fois ;
Et par des trauaux admirables,
Depuis ce jour, en moins d'vn mois,
Beaucoup de Forts considerables
Qui portoient le nom d'imprenables,
Ont fléchy sous les mesmes loix.

Les Marets profonds, & les Digues,
Dont le païs est diuisé,
Pour ses glorieuses fatigues
N'offrent rien d'assez mal-aisé.
Luy vouloir donner des obstacles,
C'est donner matiere aux Miracles
De ce genereux Conquerant,
Qui s'ouure par tout vn passage
Comme vn impetueux Torrent ;
Et dans son furieux rauage
Emporte les Forts à la nage
Et prend les Villes en courant.

Iamais

DE Mr TRISTAN.

Iamais le Fameux Alexandre
Ne fit mieux ce noble meſtier;
Lors qu'il commença d'entreprendre
La conqueſte du Monde entier.
Iamais ſon Ame liberale
N'aquit mieux l'amour generale
De tous ceux qui ſuiuoient ſes pas:
Cette Ame d'honneur enflamée,
Qui paſſoit parmy les combats,
Si l'on en croit la Renommée,
Pour l'Ame de toute vne Armée,
Et le cœur de tous les Soldats.

Auſſi ſous les heureux auſpices
D'vn Rejetton de tant de Roys,
Il n'eſt fleuue, ny precipices,
Qui puiſſent borner nos exploits.
Auant que la moiſſon jauniſſe,
Et que les pieds de l'Eſcreuiſſe
S'attachent au Flambeau du jour:
La Flandre, qui dans des alarmes,
Attend encore le retour
D'vn General ſi plein de charmes,
Fera joug par tout à ſes armes,
Soit par force ſoit par amour.

VERS HEROIQVES

O toy! qui des celestes Spheres
Tournant tes regards icy bas,
Vois plus clair au fonds des affaires
Qu'autrefois tu ne faisois pas.
Grand LOVIS, s'il estoit poßible,
Que dans vn estat si paißible
Ton Ame se peût émouuoir;
Sans douleur & sans repentance,
Tu ne pourrois aperceuoir,
Ce que fait au bien de ta France
Ce Frere que la Medisance
T'auoit peint d'vn crayon si noir.

Il paroist si la calomnie
T'auoit preuenu d'vne erreur,
En imposant à son Genie
Des desseins à te faire horreur.
Le voila qui se justifie;
Le voila qui se sacrifie,
Pour vn si noble desaueu.
Si l'on peut à cette belle Ame
Donner le nom de boute-feu,
Ce ne peut estre auecque blâme,
Puis qu'il porte au dehors la flame,
A la Gloire de son Neueu.

DE Mr TRISTAN.

Tu vois que d'vne foy loyale
Dans les soins qu'il prend aujourd'huy,
Il sert à ta maison Royale
De fidele & solide apuy.
Tu vois qu'il marche auecque joye,
Où ta chaste Moitié l'enuoye,
Et s'en acquite dignement.
Et que bien loin qu'à son courage
L'interest donne mouuement,
Sans pretendre d'autre auantage,
Les seuls trauaux sont le partage
Qu'il recherche au gouuernement.

D'vne juste & pieuse enuie,
Grand Monarque, fais vn effort,
Qui de cette erreur de ta vie
Le satisface apres ta mort.
Auance par tes saints suffrages
L'acheuement des grands Ouurages,
Que sa valeur nous a promis:
Et fais abhorrer les blasphemes
Contre sa pieté vomis,
Puis que dans des perils extremes,
Il n'arrache les Diademes,
Que du front de tes Ennemis.

L'Ode qui suit, écrite sur le sujet des premieres couches de Madame, témoigne combien les Muses se rejoüirent de l'heureuse fecondité de son Alteſſe Royale, souhaitans à cette grande & Vertueuse Princesse vne glorieuse prosperité.

A MADAME

ODE.

NOBLE sang des Rois d'Idumée,
Princesse dont la Renommée
Ne sçauroit dire assez de bien;
Le Ciel aime vos sacrifices,
Et ne veut plus refuser rien
A vos innocentes delices.

Vostre pieté sans exemple,
Par les vœux qu'elle rend au Temple,
A franchy la saison des pleurs;
Il faut que les bontez divines
Vous donnent desormais les fleurs,
Dont vous avez eu les épines.

VERS HEROIQVES

※❦※

Déja pour le faire coneſtre,
De vous vn Amour vient de naiſtre,
Dont Amour doit eſtre jaloux;
Vn Abregé de belles choſes,
Qui montre bien tenir de vous
Son éclat de Lys & de Roſes.

※❦※

Que ce Chef-d'œuure eſt admirable!
Cette Merueille incomparable
Donnera quelque jour des loix,
Et pourra forcer les plus braues,
De ce que l'Europe à de Rois,
A porter le tiltre d'Eſclaues.

※❦※

N'ayez pas pourtant la penſée
D'eſtre par là recompenſée
De tant d'excellentes vertus.
Le Ciel qui ce bien vous enuoye
Garde quelque choſe de plus,
Aux matieres de voſtre joye.

DE Mr TRISTAN.

Ie ne sçay quel rayon de flame,
Qui fait trouuer jour à mon ame,
Dans les Ombres de l'auenir,
A déja mis dessus ma bouche
La gloire que doit obtenir
L'heur de vostre seconde couche.

Croyez qu'auant que l'autre année
Se treuue encore terminée,
Vous aurez vne autre douceur;
Et que cette Fille si belle
Prendra bien tost le Nom de sœur,
D'vn Frere merueilleux comme elle.

Ie le voy déja ce me semble,
Cét Astre où la Nature assemble
Ce quelle a de plus precieux :
Cette Fleur dont la France espere
Receuoir des fruits glorieux,
Comme elle en reçoit de son Pere.

VERS HEROIQVES

Lors ô Princeſſe belle & ſage,
Le digne ornement de noſtre âge,
Vos ſouhaits ſeront acomplis :
Nos biens ſeront incomparables,
Et l'Illuſtre Tige des Lis
Aura des ſoutiens perdurables.

A MONSIEVR L'ABE' DE LA RIVIERE

ODE.

TOY que le zele ardant & tendre
  D'vne fidelle affection,
A fait d'vn nouuel Alexandre,
Le Cratere & l'Epheſtion.
La RIVIERE dont le Genie,
Par vne ſi belle armonie
Eſtale tant d'apas diuers,
Quelque eſpoir de bon-heur me flate,
Si tu daignes voir dans ces vers
La gloire dont ton Maiſtre éclate.

VERS HEROIQVES

Ie sçay bien que ta modestie,
Par vn sentiment trop exquis,
Craint d'oüir la moindre partie,
Du bruit que ton nom s'est acquis :
Mais bien que ton visage change,
Lors que l'on parle à ta loüange,
Et que tu rompes ce propos ;
L'aymable recit des merueilles
Que fait ton illustre Heros,
Est vn charme pour tes oreilles.

Tu prens tant de plaisir d'entendre
L'Honneur qu'on luy void remporter,
Qu'à peine peux-tu te defendre
Des traits, que tu veux éuiter.
Dans la faueur dont il t'honore,
Vn petit incident encore
Va troubler ta felicité :
Car beaucoup de plumes sont prestes
D'écrire qu'il t'a consulté,
A la veille de ses conquestes.

DE Mr TRISTAN.

Pour dire au vray ce qu'il m'en semble ;
Sa grandeur n'amoindrit en rien,
Si par fois il agite ensemble
Son raisonnement & le tien.
Le vaillant & prudent Alcide,
Ne fut point sans ayde & sans guide,
Au plus fameux de ses exploits.
Et le chaste Honneur d'Italie,
Le Vainqueur des Carthaginois,
Consultoit bien son cher Lælie.

En ce doux Concert de Lumieres,
Qui precedent ses grands progrés ;
Ses nations vont les premieres,
Et les tiennes viennent apres.
Quand ce grand Prince se repose
Des projets d'vne grande chose,
Sur vn Seruiteur si discret ;
Cette sorte de confidence
Est plûtost fier vn secret,
Que demander de la prudence.

VERS HEROIQVES

Les Destins qui te firent naistre,
Pour adorer jusqu'à la mort
Vn si grand & si digne Maistre,
Ont mis tous vos pensers d'acord.
Il paroist qu'en chaque ocurrence,
Ou ta crainte, ou ton esperance,
Respond à celle de GASTON,
Comme font en chaque partie
Deux luts montez sur mesme ton,
Qui resonnent par sympathie.

S'il auient que tu treuues juste
De m'honorer de ton apuy,
Et qu'en loüant vn autre Auguste,
I'aye vn Mecene aupres de luy;
Tu sçauras si je suis sensible,
Et ce trait de bonté possible
Aura quelque sorte de prix,
Par l'aueu mesme de l'enuie,
Il est certain que mes Escris
Doiuent durer plus d'vne vie.

A

MONSIEVR L'ABE'
DE LA RIVIERE.
STANCES.

POVR ataindre à quelque bon-heur
Apres vn assez long seruice;
Il me faut vn peu de faueur,
Pour joindre à beaucoup de Iustice.

Mon Maistre est bon & genereux,
Et j'ay pour luy risqué ma vie;
Il me doit rendre plus heureux;
Tout l'en presse, tout l'y conuie.

Mais, Esprit docte, Esprit adroit,
Dont les clartez sont plus qu'humaines;
Si vous n'apuyez mon bon droit,
J'ay perdu mon temps & mes peines.

A MONSIEVR DE PATRIS,

Luy faisant voir l'Ode que j'ay composée à la gloire de Monsieur l'Abé de la Riuiere.

MADRIGAL.

SI ces vers n'ont rien qui te blesse,
J'auray droit d'en benir les Cieux;
Mais excuse vn peu leur foiblesse,
Puisque je suis malade & vieux.

Les Ans par leurs courses passées,
Entre mes plus belles pensées,
Ont fait abonder le soucy :

Et tous les Fruits de mon estude
N'ont esté payez jusqu'icy,
Qu'en especes d'ingratitude.

A MONSIEVR DE VOITVRE,

Sur vn bon office receu.

STANCES.

VOITVRE c'est trop de moitié;
Les marques de ton amitié
Me rendent trop ton redeuable.
Prens tu plaisir à me jetter
Au poinct d'vn debteur insoluable
Qui ne peut jamais s'aquiter?

Ma Muse fait tous ses efforts,
Pour assembler tous les tresors
Qu'elle treuue dans son estude;
Mais quoy? la pesanteur des fers
Que luy donne la seruitude,
A meurtry tous ses plus beaux Vers.

VERS HEROIQVES

Puis, quelles charmantes couleurs,
Dans les plus agreables fleurs,
Sont dignes de ce bon office ?
Et peut-on auec équité
De ce qu'on offre à l'artifice,
Couronner la fidelité ?

Si tu veux m'obliger ainsy
Par vn si genereux soucy,
Acrois le bruit de mon estime :
Rens mon style plus fleurissant,
Ou fais que je porte sans crime
Le tiltre de méconnoissant.

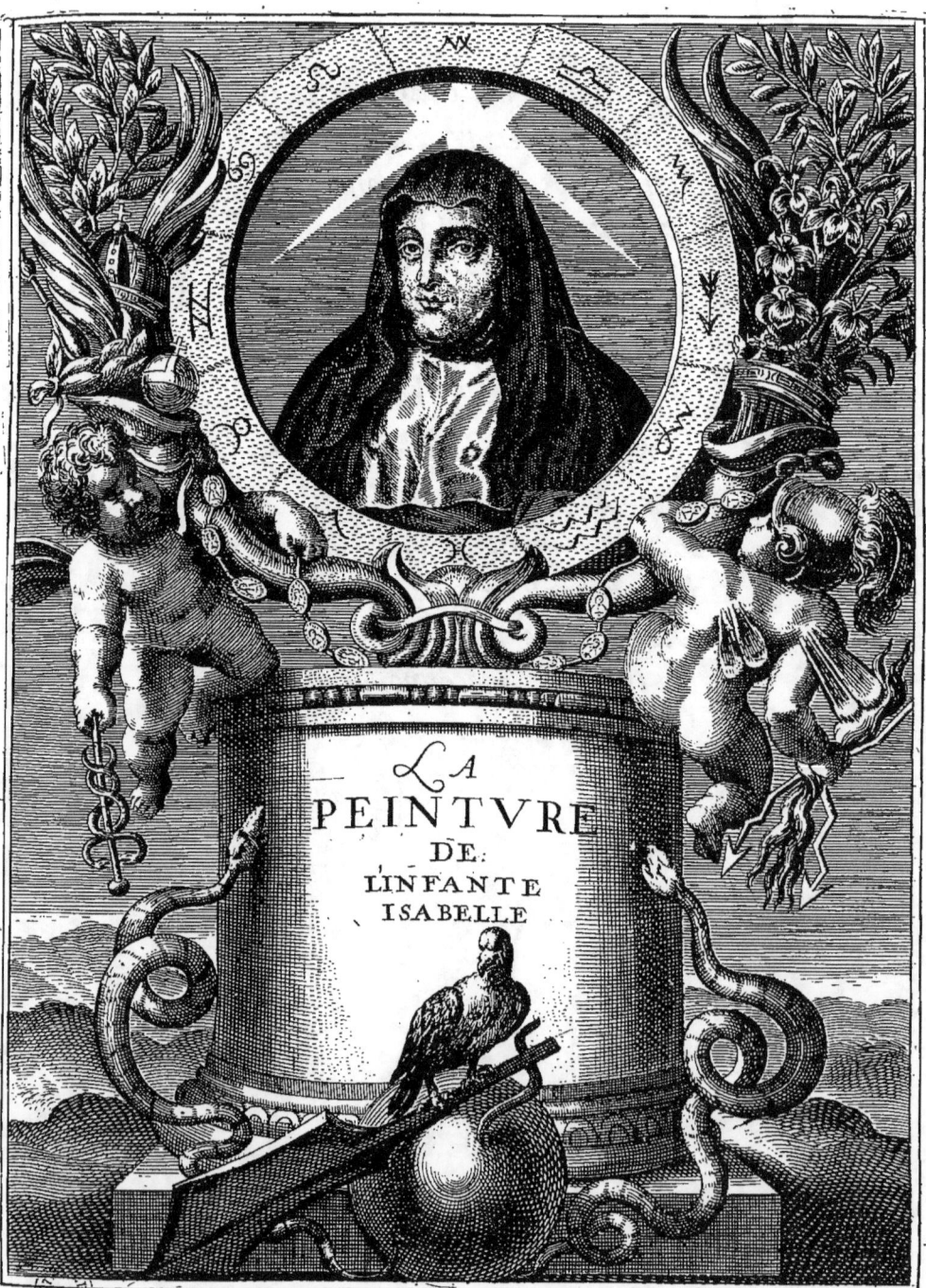

A LA SERENISSIME PRINCESSE ISABELLE, CLAIRE EVGENIE, Archi-Duchesse des Païs-Bas.

ODE.

NYMPHES du Mont aux deux coupeaux,
Qui composez de fleurs nouuelles
Des guirlandes & des chapeaux,
Pour les actions immortelles.
Ioignant la grace à la beauté,
Faites-m'en d'vne nouueauté,
Qui ne soit jamais importune :
Mais vueillez bien les façonner,
Et sçachez que j'en veux orner
Vne teste aussi peu commune,
Que la Vertu, ny la Fortune,
En puissent jamais couronner.

I

Icy les rares qualitez,
Veulent des loüanges publiques,
Et releuent de leurs beautez,
Beaucoup de titres magnifiques.
Bien que la Majesté du Sang
Ait placé dans vn si haut rang
Le Sujet dont je fay l'Image ;
S'il ne rauissoit l'Vniuers,
Auec mille ornemens diuers,
Plus nobles que son Parentage ;
Les Peuples qui luy font hommage
Ne le verroient point dans mes vers.

Mes yeux ne sçauroient s'éblouïr
A l'éclat d'vne fausse gloire,
Dont les ans font éuanoüir
Les vanitez & la memoire.
Le seul lustre de la grandeur
Ne peut me mettre en bonne odeur,
Ce qui n'a point de bonnes marques :
Et dans les vices enchaînez,
Ie tiens que les Princes mal nez
Ces joüets du Temps & des Parques ;
Bien qu'ils passent pour des Monarques,
Sont des Esclaues couronnez.

Aussi de peur d'estre repris
De la complaisance hypocrite,
Qui donne laschement du prix
A ce qui n'a point de merite :
I'auois fait vn secret serment
De ne loüer plus hautement
Aucune Puissance mortelle :
Mais, Objet admiré de tous,
Vous qui rendez le Ciel jaloux
En viuant dessus son modelle,
O sage, & Diuine ISABELLE,
Ie le romps pour l'amour de vous.

Vos vertus ont bien merité
Que d'vn style digne d'enuie,
Ie laisse à la Posterité
Quelque portrait de vostre vie :
Et que les Siecles à venir
Conseruans le beau souuenir
D'vn sujet si digne d'vn Temple ;
Treuuent vn jour en me lisant,
Qu'vn Esprit fort peu complaisant,
Dans vn témoignage assez ample
Vous apella le digne Exemple,
Et l'honneur du Siecle present.

VERS HEROIQVES

Les autres, d'amour enchantez,
Peuuent bien commettre des fautes ;
Releuans de simples Beautez
Auecque des couleurs trop hautes.
Mais je suis exempt du soupçon
D'errer de la mesme façon,
Dans le saint zele qui m'enflame :
Car sur les traits les mieux placez,
Que mes pinceaux auront tracez,
En depeignant vostre belle Ame,
Ie ne puis receuoir de blâme
Que pour n'en dire pas assez.

Ces Vierges au soin vigilant,
Que l'on nomme les Destinées,
N'ont jamais rien fait d'excellent,
Comme le fil de vos années.
Et dans toutes vos actions,
Qui de hautes perfections
Brillent auec tant d'auantage ;
On void que ces Diuinitez,
Ioignant les Vertus aux Beautez,
Et le jugement au courage
N'employerent en cét ouurage,
Que des tresors & des clartez.

Lors que vous ouurîtes les yeux
Parmy les Bois de Segouie,
L'innocence de ces beaux lieux
Marquoit celle de vostre Vie.
C'estoient des presages secrets,
Que de la Reyne des Forets
Vous aimeriez les exercices ;
Et qu'vn Lys ayant enfanté
Vn autre Lys de pureté
Inaccessible à tous les vices,
Vous viuriez bien loin des delices
Et de la molle oysiueté.

Les Graces, ces trois belles sœurs,
Tour à tour au col vous porterent,
Et de leurs celestes douceurs
Soigneusement vous alaiterent.
Lors pour voir vos jeunes beautez,
Les champestres Diuinitez
Se presenterent bien peignées :
Et chaque Nymphe de ruisseau
Quitant son humide Vaisseau,
Des sources les plus éloignées,
Vint jetter à pleines poignées
Des roses sur vostre berceau.

Si tost que vous sceûtes former
Les premiers accens du langage,
Minerue encline à vous aymer,
Vous en vint aprendre l'vsage.
Les Muses qui dans vos ébas
Seruoient en vn âge si bas,
Furent apres vos Secretaires ;
Et vous donnans mille leçons,
Tantost à l'ombre des buissons,
Tantost par les bois solitaires,
Vous enseignerent les mysteres
De leurs plus sçauantes chansons :

Diane pour vous diuertir,
Quand l'estude vous rendoit triste,
Venoit par fois vous auertir
De suiure vne beste à la piste.
Lors en vain les Cerfs & les Dains
Trauersoient à bonds si soudains
La forest qui fut leur hostesse :
Dés que vous les auiez poussez,
Ils restoient ou pris, ou blessez ;
Car rien ne trompoit vostre adresse,
Et vous atteigniez de vitesse
Les traits que vous auiez lancez.

Par fois un sanglier furieux,
Qui mettoit un païs en crainte,
De voſtre dard victorieux
Eprouuoit la mortelle ateinte.
Vous découuriez tant de beauté,
De courage & d'agilité,
A dompter la beſte inſolente ;
Qu'à voir voſtre grace & vos coups,
On tient qu'un ſentiment jaloux
Euſt empeſché cette Athalante,
Qui fut ſi belle & ſi galante,
D'oſer chaſſer auecque vous.

Quelquesfois en de mornes lieux
Aſſiſe deſſus l'herbe fraiſche,
Voſtre bras, voſtre ame, & vos yeux
Se treuuoient tendus à la peſche.
Souuent à l'enuy, les poiſſons
Se rendoient à vos hameçons,
Comme aux plus beaux filets du monde.
Et lors qu'ils ne s'y prenoient pas,
C'eſtoit qu'oubliant le repas,
Cette troupe ſi vagabonde,
S'arreſtoit à voir hors de l'Onde
Beaucoup de plus charmans apas.

VERS HEROIQVES

Tantoſt à de faux arbriſſeaux
Sur qui la glus eſtoit preſſée,
Vous alliez prendre des Oyſeaux,
Dont l'aiſle eſtoit embaraſſée.
Mais ces petits hoſtes de l'air
Auoient dequoy ſe conſoler,
Lors que vous leur faiſiez la guerre :
Puis qu'en cette aymable ſaiſon
Des Princes de grande Maiſon,
Dont on a veu que le Tonnerre
A fait trembler toute la Terre
Euſſent enuié leur priſon.

Tantoſt vous amaſſiez des fleurs,
Au temps que le Soleil les ouure ;
Apres qu'il a ſeché les pleurs
Dont l'Aurore au matin les couure.
Lors, par tout ſur voſtre chemin,
L'Oeillet, la Roſe ou le Iaſmin
Faiſoient l'honneur de leur Empire.
Exhalans vn parfum ſi doux,
Et s'enclinans à vos genoux
Auec la faueur du Zephire ;
Leur douce odeur ſembloit vous dire
Belle Princeſſe cueillez nous.

On

On vous portoit des vases d'or
Sur le vert émail des prairies,
Que vous rempliſſiez d'vn treſor
De ces fragiles pierreries.
Mais du degaſt que vous faiſiez,
Par tout où vous vous conduiſiez,
L'excez ne s'y pouuoit conneſtre,
Flore en ſembloit s'enorgueillir,
Et les Fleurs ne pouuoient faillir
Aux lieux où vous daigniez pareſtre,
Car vos pas en faiſoient plus naiſtre,
Que vos mains n'en pouuoient cueillir.

C'eſt ainſi que vos jeunes ans,
Loin du crime & de la licence,
En vos eſbas les plus plaiſans,
S'acompagnoient de l'innocence.
Ainſi voſtre âge s'augmentant,
Et voſtre merite éclatant
D'vn luſtre difficile à croire;
Voſtre Eſprit d'honneur reueſtu,
Par vn chemin fort peu batu,
Cherchoit vne place en l'Hiſtoire,
Et s'auançoit deuers la Gloire,
Sous la guide de la Vertu.

K

O que le Printemps de vos jours
Fit éclore d'autres merueilles !
Que voſtre grace & vos diſcours
Enchanterent d'yeux & d'oreilles !
Que vous découurîtes d'atraits !
Que vous expoſâtes de traits
D'vn Eſprit tout meur & tout ſage !
Et qu'en voſtre jeune beauté,
Vne honneſte ſeuerité
Mettant les vertus en vſage,
Tempera ſur voſtre viſage
De douceur & de Majeſté !

 Voſtre bouche ne proferoit
Que de grands & de clairs Oracles ;
L'Europe vous conſideroit
Ainſi qu'vn recueil de Miracles.
Philipe, ce grand Potentat,
Qui ne limita ſon Eſtat
Que du tour de deux Hemiſpheres;
Vous jugeoit-il pas deſormais
Capable d'en porter le faix ?
Eût-il de meilleurs Secretaires
Aux plus importantes affaires ?
Soit de la Guerre, ou de la paix.

Ce grand Prince de qui l'honneur
S'acrût d'vne si longue suite ;
Vous donnant part à son bon-heur,
Vous apelloit à sa conduite.
Lors vostre fidelle amitié
Receuoit toûjours la moitié
De sa joye & de sa tristesse :
Et telle qu'vn nouueau Soleil,
Déja vostre Esprit sans pareil,
Dans vne si tendre jeunesse,
Augmentoit auec sa sagesse
Les lumieres de son Conseil.

Sans doute vos auis secrets
Dans les terres les plus lointaines,
Ont causé les fameux progrés
Qu'ont fait tous ses grands Capitaines,
Sans doute l'ordre qu'il a mis
A surmonter ses Ennemis,
Venoit de vos sages paroles ;
Et par vous imposant des loix
A beaucoup d'infidelles Rois
Qui s'éleuoient entre les Poles,
Sur le debris de leurs Idoles,
Il a fait arborer la Croix.

VERS HEROIQVES

Se reposa-t'il pas sur vous
Du soin de ces belles Prouinces,
Lors qu'il vous donna pour Espoux
Vn des meilleurs de tous les Princes ?
Dieux ! n'eust esté que l'Vniuers
Est indigne en ce temps peruers
D'auoir des fruits de vostre couche ;
Selon l'ardeur que nous sentons
Dans les vœux que nous enfantons
Sur chaque sujet qui vous touche,
Nous aurions veu de vostre souche
Naistre d'immortels rejetons !

Que vostre auenement icy
Causa de danses & de festes !
Le Ciel en fut tout éclaircy,
La Mer en calma ses tempestes.
Que d'esprits furent captiuez,
Que de cœurs se virent grauez
De la Beauté de vostre Image !
Que vous finistes de douleurs,
Que vous essuyâtes de pleurs,
Et que dessus vostre passage,
Le peuple pour vous faire hommage
Se rendit prodigue de fleurs !

La Bonté qui se resolut
De vous les donner en partage,
Determina de leur salut
Dessus le point de leur naufrage.
Depuis en ces païs broüillez,
De tant de guerres trauaillez;
Vn meilleur estat on obserue :
Car bien que la rebellion
Ataque toûjours le Lyon;
Vostre presence le conserue,
Comme l'Image de Minerue
Conseruoit les murs d'Ilion.

Heureux si la faueur des Cieux,
Par vne secrete tendresse,
Auoit plûtost fourny ces lieux
D'vne si charmante Maistresse.
Ce preseruatif sans égal
Les auroit garantis d'vn mal,
Qui parut grand dés sa naissance :
Car vos Rebelles indomptez
S'ils eussent connu les bontez,
D'vne si diuine Puissance,
Iamais de vostre obeissance
Ils ne se fussent reuoltez.

Aussi vostre celeste aspect
Et vos vertus qui sont si rares;
Donnent du zele & du respect
Aux personnes les plus barbares.
C'est chez toutes les Nations,
Qu'on parle de vos actions
Auecque des honneurs extrémes :
Et vouloir indiscretement
Choquer ce commun sentiment,
Seroit proferer des blasphemes,
Que parmy vos Ennemis mesmes
On puniroit seuerement.

Vos sentimens sont embelis
De toutes les plus belles choses;
Ils ont la pureté des Lys,
Et la pudicité des Roses.
Le bien-faire est vostre element,
Et c'est si legitimement
Que vostre vie est admirée,
Qu'alors qu'vn sort malicieux,
Menaçoit son fil precieux,
Les habitans de l'Empirée,
Pour en prolonger la durée,
Sont par fois descendus des Cieux.

Grand Protecteur de nos Autels,
Qui là-haut comblé de delices,
Fais accepter aux immortels
Nos larmes & nos Sacrifices.
ALBERT qui viuant icy bas,
As fait preuue en tant de combas
D'vne valeur émerueillable;
Maintenant qu'auecque le jour
Tes yeux peuuent faire le tour
De toute la Terre habitable,
Y vois-tu rien de comparable
Au chaste Objet de ton amour?

Ne se fait-elle pas aimer
Aux Nations les plus estranges?
Quelle langue peut s'exprimer,
Et ne conte point ses loüanges?
La Courriere de l'Vniuers,
Qui tient toûjours cent yeux ouuerts
Et cent bouches & cent oreilles,
A-t'elle veu quelques Citez,
Ny quelques hameaux habitez,
Sans leur aprendre les merueilles
De sa pieté, de ses veilles,
Et de ses generositez?

N'est-ce pas cét Objet charmant
Qui dans l'heur & dans les trauerses,
A partagé fidelement
Toutes tes fortunes diuerses ?
N'est-ce pas ce fidele sein
Qui gardoit ton secret dessein,
L'augmentant d'auis necessaires ;
Et cét esprit bien temperé
Qui reçoit d'vn front asseuré
Les accidens les plus contraires,
Et gouste les choses prosperes
D'vn visage si moderé ?

Quand tu marchas deuers Nieuport,
Poussé de cette noble audace,
Qui fit cent fois teste à la Mort,
Et braua mesme ta disgrace ;
Ne fut-ce pas cette Beauté
Qui treuuant ton camp reuolté
D'vn beau despit fut animée ?
Et lors que moins on l'atendoit
De ce front qu'elle hazardoit
Dans la poudre, & dans la fumée,
Fit reprendre à toute vne armée
Le courage qu'elle perdoit ?

Ses yeux en leurs doux mouuemens,
Meſlans la grace à la colere;
Brilloient plus que les Diamans
Qu'elle propoſoit pour ſalaire.
Ses Commandemens abſolus
A tes Soldats irreſolus,
Redonnerent vn nouueau zele :
Oublians deſſous cette loy
Leur intereſt, ou leur effroy,
Firent-ils pas vn vœu fidele,
Ou de vaincre pour l'amour d'elle,
Ou de mourir aupres de toy?

    Trois mille hommes des ennemis
Défaits par eux dans vn paſſage,
Du deuoir qu'ils auoient promis
Furent le premier témoignage.
Et ſans que la fatalité
D'vn conſeil trop precipité
Changea tes bonnes auantures;
L'Hydre Belgique en tes progrés
Auroit payé les intereſts
De tant de cruelles morſures;
Et toute pleine de bleſſures
Seroit morte dans ſes Marets.

A ce siege, où l'on rechercha
Tout ce que peut l'art de la guerre;
Où l'ennemy se retrancha
De plus d'ossemens que de terre:
Au Cimetiere renommé,
Pour qui l'Ocean fut armé
De tant de voiles & de rames;
Où par de cruels traitemens,
Les Soldats & les Elemens,
La peste, le fer, & les flames,
Des dépoüilles de cent mille ames,
Enrichirent les monumens.

Deuant Ostende que bouclant,
Malgré l'Onde qui l'enuironne,
Tu fis le Theatre sanglant
Des jeux tragiques de Bellonne.
Ce rare Exemple d'amitié,
Cette illustre & chaste moitié
Qui vole où l'honneur la conuie;
Suiuit-elle pas ta valeur,
Sans jamais changer de couleur
En des lieux où par quelque enuie,
Mars sembloit exposer ta vie
Aux insolences du malheur.

Ne la voyoit-on pas alors
S'exercer en ses promenades,
Soit à faire enterrer les morts,
Soit à prendre soin des malades.
Que de gens qui se portent bien,
Sans elle ne seroient plus rien:
Que des poussieres épanduës,
Et durant ces calamitez,
Que d'ames aux extremitez
Se sont dans le Ciel renduës,
Qui seroient possibles perduës
Sans ses extremes charitez.

Apres, quand tu fis rajeunir
Tous ces Estats par ta prudence,
Y faisant en fin reuenir
Le repos auec l'abondance.
Ses desirs conformes aux tiens,
Pour combler la Flandre de biens,
Ouurirent-ils pas mille portes?
Et par ses liberalitez
Qui rendent le lustre aux Citez,
Les Sciences qui sembloient mortes,
Et les Arts de toutes les sortes,
Furent-ils pas ressuscitez?

Mais quand ce fut au dernier soir
Qui te déroba la lumiere:
Quand le sommeil se vint assoir
Pour jamais dessus ta paupiere.
Lors que sur l'aisle des Vertus,
Laissant tes membres abatus,
Ton Ame au Ciel fut reuolée;
De quel vif & mortel soucy
Son cœur ne fut-il point transy:
Quelle Arthemise desolée,
En ordonnant vn Mausolée,
Eût plus d'honneur que celle-cy?

Icy je me suis écarté,
O Princesse pleine de charmes:
Touchant à vostre pieté,
I'aurois peur d'émouuoir vos larmes.
L'habit cendré que vous portez,
Et les soûpirs que vous jettez,
Au recit que j'ay fait entendre,
Monstrent bien que dans les malheurs
Qui font de semblables douleurs,
Nul autre n'a le cœur plus tendre,
Et qu'encor cette heureuse cendre
Reçoit bien souuent de vos pleurs.

En ce lieu je n'oſe étaler
Mille choſes à voſtre gloire,
De crainte de renouueler
Vos ennuis auec cette Hiſtoire.
Ie ne dois plus parler de dueil
Que pour loüer le bon acueil
Et les obligeantes careſſes,
Dont par vos ſoins officieux
Vous tâchez d'eſſuyer les yeux,
Et de conſoler les triſteſſes
De deux des plus grandes Princeſſes
Qu'on verra jamais en ces lieux.

France ſans égale en bon-heur,
Reſſouuien-toy qu'en ces Prouinces
Cette Princeſſe auec honneur
A recueilly tes plus grands Princes.
Reſſouuien-toy qu'en ce beſoin,
Elle n'en a pris tant de ſoin
Que par vne ardeur innocente :
Et cela fait aſſez de foy,
Que ſi cette fille de Roy
Sort de ta tige floriſſante,
Elle n'eſt pas méconnoiſſante
Du bien qu'elle a receu de toy.

Mais ce trauail delicieux
Tient mon ame aſſez ſuſpenduë:
Pour des loiſirs ſi precieux,
Ces vers ont aſſez d'eſtenduë.
Dans ce legitime deuoir,
Ie deuois bien m'aperceuoir,
Combien mon audace eſt étrange:
L'honneur où je veux paruenir
Ne ſe peut jamais obtenir,
Si ce n'eſt par les ſoins d'vn Ange;
Et je commence vne loüange
Qu'on ne ſçauroit jamais finir.

Grande Princeſſe le reſpect,
Ne veut pas que je continuë:
I'aprehende d'eſtre ſuſpect
De bleſſer voſtre retenuë.
Ie voy meſme qu'en ce tranſport,
Mon Genie a fait vn effort
A des ſentimens ſi modeſtes;
Et ſi je n'ay pas recité,
O mortelle Diuinité,
Que la moindre part de vos geſtes,
Qui ſurpaſſent les feux celeſtes,
Soit en nombre, ſoit en clarté.

ODE ROYALE,
Sur l'heureux mariage
DE LEVRS SERENISSIMES
MAIESTEZ
DE POLOGNE.

HYMEN pren ta robe éclatante;
Et viens éclairer en ce jour
La Nopce la plus triomphante,
Où l'Honneur ait conduit l'Amour.
Iunon d'vne pudique bouche,
Preste d'aller benir la couche,
A déja paré les Autels:
Vien chanter cét Epitalame
Qui de deux filets immortels
S'en va faire vne heureuse trame.

VERS HEROIQVES

L'Amant est le grand LADISLAS,
Respecté de toute la Terre,
Que la Gloire en mille combas;
A pris pour le Dieu de la Guerre.
C'est ce Prince victorieux
Qui s'est fait jour en mille lieux,
Dans le sang & parmy la poudre:
Et qui defendant le Niester,
Sur l'Othoman lança la foudre
De la force de Iupiter.

Il a pour Objet de sa flame
Vn nouueau miracle des Cieux;
Qui des lumieres de son ame
Respond à celles de ses yeux.
C'est cette charmante Princesse,
Pour qui nos cœurs formoient sans cesse
Les vœux que l'on void acomplis.
Cette belle & pudique Rose,
Qui des langueurs d'vn de nos Lys,
Fut autrefois l'aimable cause.

Il eut raison de fondre en pleurs,
Quand des influences malignes
Pour separer ces belles Fleurs,
Firent produire tant d'épines !
Certes qui void cette Beauté
Eleuée à la Royauté,
Admire ses apas extrémes :
Et treuue en l'éclat de ses yeux
L'excuse de tous les blasphemes,
Qu'Amour vomit contre les Cieux.

Mais cette Merueille du Monde,
Digne des Destins les meilleurs ;
Manqua d'estre icy la seconde,
Pour estre la premiere ailleurs.
Le Ciel dont elle fut instruite,
Le Ciel qui l'a toûjours conduite,
S'est obligé de la pouruoir :
Et ses vertus estoient des marques
Qu'elle deuoit vn jour s'asseoir
Dans le rang des plus grands Monarques.

M

VERS HEROIQVES

Déja dans vn grand apareil,
Vn Astre brûle au bord d'vn Fleuue
D'estre l'Epoux de ce Soleil,
De qui la France sera Veuue.
O que de vœux & de desirs,
D'impatience & de plaisirs
Attendent bien loin son merite!
Et que de sensibles douleurs
Vont causer aux lieux qu'elle quitte
De cris, de soûpirs, & de pleurs.

Toy qui de l'heur de ces Prouinces
Couronnes tes heureux Destins,
Et chez les plus Augustes Princes
Fais honorer tes Palatins.
Roy que la Fortune acompagne,
Et qui par tout comme en campagne
Es sçauant en l'art de regner;
Tu receuras ce que merite
L'honneur que l'on t'a veu gagner
Sur le Turc & le Moscouite.

DE Mr TRISTAN.

C'estoit trop peu que du butin,
Arosé de sang & de larmes,
Qu'à tous les Peuples du matin
Tu fis quiter auec les armes.
Aujourd'huy tes trauaux passez
Se treuueront recompensez,
Par des Nopces si glorieuses :
Tu t'aquiers en te mariant
Des Richesses plus precieuses
Que celles de tout l'Orient.

Ayant fait de si belles choses
Au front de tes nobles Guerriers;
Tu meritois d'auoir des Roses
Illustres comme tes Lauriers.
Celle que la France te donne
En cette adorable personne,
Est bien digne de ta grandeur :
Puis que sa haute renommee
Est comme une excellente odeur
Par toute la Terre semée.

VERS HEROIQVES

*Qu'il naisse d'agreables fruits
De cette Fleur qu'on te reserue,
Des Amours en seront produits,
Enfans de Mars & de Minerue;
Ce seront Ayglons assemblez,
Par qui seront vn jour troublez
Les Estats des Princes barbares,
Et qu'on verra victorieux
Cueillir des Palmes aussi rares
Que les Palmes de leurs Ayeux.*

A MONSEIGNEVR LE PRINCE,

Sur la Victoire de Rocroy.

ODE.

IEVNE Prince ardant à la gloire,
Et que la main de la Victoire
Vient fraischement de couronner;
Apres des choses si celestes,
Tous les tiltres son bien modestes
Que nos vers vous peuuent donner.

On peut dire que cét Alcide
Qui prenant la Vertu pour guide
Donna de si celebres coups:
Quoy que la splendeur de sa vie
Eust fermé la bouche à l'Enuie,
N'eut jamais tant d'honneur que vous.

VERS HEROIQVES

La mort du Lyon de Nemée
Qui fit aller sa renommée
Où le Soleil peut éclairer :
Estoit-ce vn sujet heroïque
A l'égal du Lyon Belgique,
Que vostre bras vient d'aterrer ?

En cét Ennemy redoutable,
Vostre courage incomparable
Auoit matiere d'éclater ;
Icy vostre noble colere
Auoit cent Hydres à defaire,
Et cent Monstres à surmonter.

O que vostre valeur insigne,
D'vn art dont vous seul estes digne
Donna de cœur à nos Guerriers !
Quand vos bras lancerent la foudre,
Et parmy le sang & la poudre
Firent des moissons de Lauriers.

DE Mr TRISTAN.

Mais que vostre sagesse est grande !
De quelle grace elle commande
Au fort mesme de la chaleur !
Cette Palme acquise à la France,
Est vn Prix que vostre prudence
Partage auec vostre valeur.

LOVIS, nostre Ange tutelaire ;
Astre dont la forme est si claire ;
Voy les Espagnols déconfis.
Considere nos auantages,
Et ce que valent tes suffrages
A la Fortune de ton Fils.

Cét Ayglon dont l'âge est si tendre
En seureté peut bien attendre
Les ans de son acroissement ;
Si le Ministre de ses armes
A tant de graces & de charmes,
De Valeur & de Iugement.

A SADITE ALTESSE,

Sur le progrés de ses Armes
EN ALEMAGNE.
SONNET.

PRince victorieux que la Gloire conduit,
 Et que dans les perils la Fortune acompagne;
Vos illustres Exploits alarment de leur bruit,
Et l'Aigle de l'Empire, & le Lyon d'Espagne.

 Ce Fleuue imperieux qui laue l'Alemagne,
Est afranchy des fers, où l'on l'auoit reduit :
Et s'étonne de voir recueillir tant de fruit
Par les nobles trauaux d'vne seule Campagne.

 Poursuiuez Grand Heros qu'admire l'Vniuers :
L'Eclat de vostre Espée & celuy de nos Vers,
Pour vous placer bien haut treuueront peu d'obstacles.

 Tout ce qui semble à craindre en vos illustres fais,
C'est que vostre valeur produit tant de Miracles,
Que la Posterité ne les croira jamais.

A

A MONSEIGNEVR LE MARESCHAL DE SCHOMBERG,

Sur le Combat de Locate.

ODE.

DV vert Laurier qui te couronne
J'ay senty l'immortelle odeur,
Et la gloire qui t'enuironne
M'échauffe d'vne sainte ardeur.
Je sens bien que ma veine s'ouure,
Et qu'il faudra qu'elle découure
Vn feu qu'elle ne peut cacher :
Grand SCHOMBERG je romps le silence
Pour vn Nom si noble & si cher,
Et déja ma flame s'élance
Auec autant de violence
Que l'eau qui jallit d'vn Rocher.

VERS HEROIQVES

Tes heroïques auantures
Que les Muses vont mettre au jour,
Donneront aux races futures
De la merueille & de l'amour.
Vne ardente & claire Planette
Ne sçauroit souffrir qu'on me mette
Au rang des vulgaires Autheurs;
Ma plume a des traits infaillibles,
Et sçait des secrets enchanteurs,
Par qui tes miracles visibles,
S'ils ne treuuent des insensibles,
Treuueront des Adorateurs.

Mais le trauail où je m'aplique,
Demanderoit trop de vigueur;
D'vne image si magnifique
Ie ne dois peindre que le cœur.
Vn autre ocupera ses veilles,
A marquer les hautes merueilles,
Des qualites dont tu reluis:
Il fera voir auec adresse
Tes ans aux bonnes mœurs instruis,
Dans le Printemps de ta Ieunesse:
Ces belles fleurs dont la promesse
S'aquite par de si beaux fruits.

Son deſſein voudra qu'on obſerue,
Ton Pere qui fut ſans pareil,
Pour l'vne & pour l'autre Minerue,
Aux combas & dans le Conſeil.
Il dira ſous quel bon preſage
Ce Neſtor ſi braue & ſi ſage
T'offrit à l'Aſtre de la Cour.
Comment il t'imprima la grace
De cette paternelle amour,
Et te fit marcher ſur ſa trace,
Comme vn Aigle conduit ſa Race,
Et l'expoſe à l'Aſtre du jour.

De moy, dans le cours d'vne guerre
Fameuſe entre tous les humains,
Ie veux imiter le Tonnerre,
Qu'on a veu partir de tes mains ;
Vn noble orgueil enfle mon ame,
Qui de ſang, de fer & de flame
Doit enrichir tout ce diſcours ;
N'enten-je pas déja Bellonne
Qui t'apelle à noſtre ſecours ?
I'oy déja le Canon qui tonne,
Et toute la Coſte reſonne
De trompettes & de tambours.

L'Air & les Ondes estoient calmes
Et les Ennemis sans soupçon,
Cette nuit où de tant de Palmes
Tu fis la celebre moisson.
LOCATE toute desolée
Estoit preste d'estre immolée
A la rage de l'Estranger,
Quand tu vis sa dolente Image
Autour de ton Camp voltiger,
Et soliciter ton courage
D'vn triste & d'vn muet langage
De la retirer du danger.

A peine, dans la violence,
Que tu souffris de sa douleur,
Peux-tu permettre à ta prudence
D'agir auecque ta valeur,
Dans la perilleuse entreprise,
De luy redonner la franchise
Tout autre auroit pâly d'effroy;
Mais pour courir à la Victoire,
Tu ne consultas que ta foy,
Et ne gardas en ta memoire,
Que le seul Objet de la Gloire,
Et le soin de seruir ton Roy.

Tel parut le fils de Pelée,
Brûlant d'vn genereux transport
Quand il eut veu dans la meslée
Son Amy qu'on remportoit mort.
Et tel Diomede en furie
Pour le salut de sa Patrie
D'vne noble ardeur fut poussé :
Lors que s'oposant à l'Orage
Dont son Camp estoit menacé ;
Il paya seul de son courage,
Et signala dans le carnage,
La pique dont Mars fut blessé.

Au bruit de ta marche effroyable,
Cerbelon aueuglé d'orgueil,
Ne treuuoit pas imaginable
Que ce Roc deuint son Ecueil.
D'vne soigneuse vigilance
Il fit border en diligence
Tous ses retranchemens de feux :
Bien que ce grand homme de guerre
Iugeast l'estat peu hazardeux
Où des hommes couuerts de terre
Et fauorisez d'vn tonnerre
Se treuuoient quatre contre deux.

Mais, ô viue Image d'Achile,
Deuant qui tout lasche le pié;
Qui ne te comptoit que pour mille,
Comptoit trop peu de la moitié.
Il ignoroit que ton Espée
Dans vne eau fatale trempée:
Porte l'horreur & le trespas:
Que c'est elle qui sçait resoudre
Les difficultez des Combas,
Et qui dans le sang & la poudre,
Fait voler des éclats de foudre
Par tout où s'auancent tes pas.

Cependant on a pris l'alarme;
Et par mille cris épandus,
L'Ennemy s'est deffait du charme
Qui tenoit ses sens suspendus.
De tous costez la charge sonne,
Auec toy, tout le monde donne;
La flame prend, l'acier reluit,
Les cheuaux & l'Infanterie,
Font naistre vn effroyable bruit
D'vne épouuentable furie,
Et le jour de l'Artillerie
Fait peur aux ombres de la nuit.

O Dieux ! qu'vne ataque si prompte
Fait voir de Tableaux de l'Enfer !
Que de larges bouches de fonte
Vomissent la flame & le fer !
Que de grenades sont lancées,
Que de piques sont herissées
Pour s'oposer à ton effort !
Et tandis que ton bras immole
Les bazanez à cét abord
Dans la grêle du plomb qui vole,
Que de gens perdent la parole,
Ou parlent d'horreur & de mort !

Ton cheual qui paroist superbe
D'estre chargé d'vn nouueau Mars,
D'vn pied brusque foule sur l'herbe
Mille corps & mille Estendars.
On ne void que morts sur ta trace
De tous costez ton bras terrace
Le Castillan ambitieux.
Qui gardant son humeur altiere
Monstre vn aspect audacieux,
Quand la mort ferme sa paupiere,
Et mesme en mordant la poussiere,
Semble encor depiter les Cieux.

Les grandes plumes enjoüées,
Dont ton front se fait ombrager
Du vent du feu sont secoüées,
Tant elles sont pres du danger.
Demon qui presides aux armes,
Considere à combien de larmes
Sa perte obligeroit nos yeux.
Ou plûtost sainte Prouidence
Dont le soin penetre en tous lieux,
Voy, de grace, où SCHOMBERG *s'auance;*
Et pour le bon-heur de la France
Sauue des jours si precieux.

Cette requeste est exaucée,
Mon Heros est en seureté;
Et la Victoire balancée,
Passe toute de son costé.
Il est à couuert de l'orage,
Tout cede aux effets d'vn courage
A qui l'honneur paroist si cher;
La Fortune qui l'acompagne
En triomphe le fait marcher;
Et fait voir aux Lyons d'Espagne,
Que lors qu'il paroist en campagne,
Leur salut est de se cacher.

Deuant

Deuant ce foudroyant Tonnerre,
L'Ennemy fuit confusement;
Ne pouuant plus garder de terre
Il regagne vn autre Element.
A peine son Chef temeraire
Peut treuuer le temps necessaire
Pour remonter sur ses Vaisseaux:
Il n'a plus de desir dans l'Ame
De faire de desseins nouueaux,
Et les siens sans craindre de blame,
De peur du fer & de la flame,
Se precipitent dans les Eaux.

Nymphes qui de Bouquets d'Oranges,
Couronnez l'or de vos cheueux,
Qu'vn Sacrifice de loüanges
Succede à vos timides vœux.
Maintenant vostre grand Alcide
A qui la Vertu sert de Guide,
Et qui passe tous ses Riuaux;
Par des assistances celestes,
A finy l'vn de ses trauaux:
Et si l'on void encor des restes
De tant de matieres funestes,
C'est sous les pieds de ses cheuaux.

O

Sous ce Protecteur inuincible,
Voſtre repos eſt aſſuré
Vous aurez vn calme paiſible,
Tel qu'il fut au ſiecle doré.
L'Eſtranger deſſus vos riuages,
Ne fera jamais de rauages;
Il s'en eſt alé ſans retour.
Et ſi rien murmure, ou ſoûpire,
En voſtre agreable ſejour;
A l'auenir on pourra dire
Que c'eſt quelque effet de Zephire,
Ou que c'eſt quelque effet d'Amour.

POVR
MADAME
LA MARESCHALE
DE SCHOMBERG.
STANCES.

CE n'est point vne verité;
Ce n'est rien qu'vn songe agreable,
Qui le jour m'a representé
Qu'vn Ange m'estoit fauorable.
Ne m'en deust-il rien auenir :
Beau songe dont le souuenir,
Charme si doucement ma peine,
Tu m'as fait sans doute vn honneur,
Dont mesme l'image incertaine
Me doit tenir lieu de bon-heur.

VERS HEROIQVES

❧

J'ay veu ce Chef-d'œuure des Cieux
Où la Vertu paroist placée ;
J'ay veu HAVTEFORT de mes yeux,
Mais c'est des yeux de la pensee :
Toutefois n'importe comment.
J'ay veu l'Objet le plus charmant
Qui face chanter nos Orphées ;
J'ay veu celle qui sous ses loix,
A veu les superbes trophées
De la liberté de deux Rois.

❧

O qu'elle a d'apas éclatans
Dans l'Esprit & dans le visage
A qui les Parques, ny le Temps
Ne doiuent jamais faire outrage !
O que de grace & de beauté,
De courage & d'honnesteté
Se treuuent au cours de sa vie !
J'auoüe auec confusion
Que mon Ame encore est rauie
D'vne si belle illusion.

Le Sort ne me fait plus de mal,
Lors que je pense à la mérueille
De cette bouche de Coral,
Dont le son frapa mon oreille,
De ce ton de voix si charmant,
Qui pourroit souuerainement
Imposer l'ordre à toutes choses,
Le suffrage est d'vne valeur
Capable de changer en roses
Les espines de mon malheur.

Si j'auois des facilitez,
A me fonder dessus des songes ;
Mille importunes veritez
Me passeroient pour des mensonges.
Ie m'atendrois que HAVTEFORT
Portant ses beaux yeux sur mon Sort,
Feroit cesser ses injustices :
Car ses sentimens genereux
Ont toûjours treuué des delices,
A proteger les malheureux.

Mais son effort n'obtiendra rien ;
Et quelque Estoile mal placée
Qui m'empesche d'auoir du Bien,
Le deffend mesme à ma pensée.
Belle bouche, Bouton vermeil,
Pour qui nostre jeune Soleil
Brûle d'vne ardeur innocente ;
Bien que vous luy faciez la Loy,
Vous serez possible impuissante
Si vous osez parler pour moy.

A LA GLOIRE DV ROY,

Que l'Autheur eut l'honneur de voir, vn jour que sa Majesté se diuertissoit à mettre de petits Soldats en Bataille.

ODE.

YMABLE Soleil naissant,
Prince jeune & rauissant
Qui rends nos ames charmées :
O que de faueurs des Cieux,
Et de graces sont semées
Dans ton ame & dans tes yeux !

Ton visage a tant d'apas
Qu'on ne s'imagine pas,
Que ta beauté soit mortelle :
Vn Amour dans vn tableau
Tiré de la main d'Apelle
Ne pourroit estre plus beau.

VERS HEROIQVES

❊

L'Astre qui porte le jour
Ne peut en faisant son tour
Voir vne merueille égale ;
La Minerue dont tu sors
Te fut vrayement liberale
De ses celestes tresors.

❊

Mais ton esprit curieux
De ce mestier glorieux
Qu'ayment tous les grand Monarques ;
Auec beaucoup de chaleur
Donne de visibles marques
De ta future valeur.

❊

Alexandre qui s'aquit
En cent peuples qu'il vainquit
Toute la gloire des armes,
Gagnoit en ses jeunes ans
Auec beaucoup moins de charmes
Le cœur de ses Courtisans.

Bien

Bien que ses premiers souspirs
Exprimassent des desirs
Plains d'ardeur & de courage;
Ses sentimens tous guerriers
N'embrassoient pas en ton âge,
L'art d'aquerir des Lauriers.

Crois jeune Alcide gaulois,
Digne sang de tant de Rois,
Dont le nom remplit l'Histoire.
Crois donc, & le cœur tout gros
D'vn sang alteré de Gloire,
Suy les pas de ces Heros.

Ton Pere en vn âge bas,
Parmy l'horreur des combas,
Porta l'espée & la lance;
Domta la Rebellion,
Et reprima l'insolence,
Et de l'Aigle & du Lyon.

P

La rondeur de l'Vniuers
Sçait les miracles diuers
De sa valeur sans seconde :
Et son nom bruira par tout,
Tant que les Poles du Monde
Seront encore debout.

Mais quelque bruit qu'il ait eu
Par cette rare vertu
A qui tout estoit prospere :
L'honneur n'a peu le porter
Vers vne si haute sphere,
Où tu ne puisses monter,

Tu feras par tes exploits,
Trembler tous les plus grands Rois
Auant qu'il soit plus d'vn lustre :
Si cherissant l'équité,
Tu sçais de ta Mere illustre
Imiter la pieté.

C'est par ces diuins secrets,
Qu'elle cause les progrés
Que le Ciel donne à tes armes.
Depuis tes plus jeunes ans
Toûjours ses deuotes larmes
Rendent tes Lys florissans.

SVR LA PROCLAMATION DV ROY.

IL est temps qu'vne heureuse Paix
Vienne enfin selon nos souhais,
Fermer le Temple de la guerre;
Puisque nos Lys au mesme jour
Que l'on a mis vn Mars en terre,
Couronnent vn petit Amour.

A SON EMINENCE

STANCES.

LE Tybre pour l'amour de vous
A bien sujet d'estre jaloux
Des felicitez de la Seyne:
Depuis que vostre esprit gouuerne sur ses eaux,
Elle dérobe vn Astre à la grandeur Romaine,
Et gagne des Lauriers plus qu'il n'a de roseaux.

Si nos Heros victorieux
Portent la terreur en tous lieux,
Et font de si hautes merueilles;
Tant de fameux succés en deux ans ariuez,
Ne doiuent s'apeler que les fruits de vos veilles,
Que dans le Cabinet vous auez cultiuez.

Si rien ne nous manque au besoin,
Nous en deuons l'honneur au soin
Que vous auez de tout conduire ;
A ces traits de clarté qui peuuent tout rauir,
Qui sçauent éloigner tout ce qui pourroit nuire,
Et sçauent aprocher tout ce qui peut seruir.

Voſtre Eſprit agiſſant & fort
Ne doit point aux erreurs du Sort
Son authorité non commune :
Et l'habit éclatant dont vous eſtes veſtu
N'eſt point vn de ces biens que jette la Fortune,
Mais c'eſt vn de ces prix que donne la Vertu.

Voſtre pourpre jette vn éclat
Par qui la grandeur de l'Eſtat
Se rend en tous lieux venerable :
Tout orgueil eſtranger par ſa force eſt ſoumis ;
Elle ſert à nos Lys d'vn Aſtre fauorable,
Et ſert d'vne Comete à tous nos ennemis.

Sous ses auspices bien-heureux,
Nos Conquerans auantureux
Produisent de si belles choses ;
Que les peuples d'Ibere & les peuples Germains,
Sont contrains d'auoüer qu'à l'ombre de vos roses
Les Palmes tous les jours croissent entre nos mains.

Quand LOVIS, ce Roy nompareil,
Disparut comme le Soleil
Lors qu'il a finy sa carriere.
La France desolée autour de son cercueil,
Croyoit estre perduë en perdant sa lumiere,
Et qu'vn trouble effroyable alloit suiure son dueil.

Qui n'eust point dit que son Vaisseau,
Si bien-tost il ne faisoit eau,
Iroit voguant à l'auanture ;
Et se verroit toûjours à la mercy des flots,
Iusqu'à ce que le Ciel ébranlast la Nature,
Et la fit retourner en son premier Chaos ?

Toutefois l'orage étranger
Ne nous met en aucun danger,
Dont la grandeur nous defespere :
Et nous connoiſſons bien que le meſme Typhis
Qui tenoit la Bouſſole en la Barque du Pere,
A pris le Gouuernail en la Barque du Fils.

Il n'eſt plus ny vague, ny vent,
Qui d'vn Pilote ſi ſçauant
Puiſſe maiſtriſer la conduite :
Et la temerité qui nous oſe faſcher,
Void en nous abordant ſa puiſſance détruite,
Comme vn flot qui ſe creue en frapant vn rocher.

Selon les ſignes aparans
Nos maux ne ſeront pas ſi grans
Que l'on ait peine à s'y reſoudre :
Car cette meſme main qui charme la valeur,
Et d'vn coup de chapeau ſçait arreſter la foudre,
Sçaura bien de l'Eſtat écarter le malheur.

/ VERS HEROIQVES

Pour rendre nos vœux acomplys,
Anges sacrez des fleurs de Lys
Soyez ses Anges Tutelaires :
Tenez ce grand Ministre éloigné du tombeau ;
Car le fil de ses jours & le bien des Affaires,
Sont tournez aujourd'huy sur vn mesme fuseau.

A MONSEIGNEVR LE CHANCELIER.
SONNET.

SEGVIER quand tu nasquis vne troupe d'Abeilles
Se posant sur ta bouche y chercha des douceurs,
Pour presage asseuré que l'amour des neuf Sœurs
En feroit découler de sçauantes merueilles.

Depuis, ta vertu jointe aux grands fruits de tes veilles,
T'éleua chez Themis aux supremes honneurs,
Où sans considerer les biens ny les faueurs,
Tu tiens tes yeux fermez pour ouurir tes oreilles.

La France a bien sujet de benir ce grand Roy
Qui selon nos souhaits jetta les yeux sur toy
Pour tenir la Balance en ce puissant Empire.

Il paroist que ce choix estoit vn choix du Ciel:
Et tu prens plus de soins à dispenser la Cire
Que l'Abeille n'en prend à composer le Miel.

A MONSEIGNEVR LE TELLIER SECRETAIRE D'ESTAT.

ODE.

CES vers fussent-ils façonnez,
Auec plus de magnificence,
Ne seront jamais soupçonnez,
D'vne honteuse complaisance,
Le laurier le plus merueilleux,
Dont le Parnasse est Orgueilleux
Te peut bien seruir de Couronne;
Déja c'est vn point debatu
Qu'en te loüant on ne te donne
Que ce qu'on doit à la Vertu.

Que les graces dans mes labeurs
Ne sont elles plus épanchées!
Pour toy, ces especes de fleurs
Ne sont point de Beautez cachées.
Ceux que rauissent tous les jours,
Ou tes lettres, ou tes discours
Eclatans d'Art & de Lumiere;
Sçauent qu'à ta natiuité
Le Ciel en fort peu de matiere
Répandit beaucoup de clarté.

Les Astres sous d'heureux acors,
De tes jours ourdirent la trame;
Et dans le tissu d'vn beau Corps
Firent couler vne belle Ame.
Les Muses dont tes jeunes ans
Receurent les plus beaux presens,
Sans peine & sans solicitude;
Ont en cent actes glorieux
Fait assez voir que ton Estude
Est comme vn Ouurage des Cieux.

VERS HEROIQVES

Depuis, les Charges de Themis
Ont tenu ton Ame ocupée,
Et nos Rois en tes mains ont mis,
Et sa Balance & son Espée.
Illustrant cette Dignité,
Tu témoignas qu'à l'équité
Ton cœur fidelement s'atache:
Et fis dire à tous les humains,
Que ton integrité sans tache
Se treuue sans yeux & sans mains.

On peut aujourd'huy t'apeler
Aux emplois qui sont les plus dignes,
Et ta plume a droit de voler
A l'égal des plus nobles Cygnes.
Nul n'a regret à ton bon-heur,
Chacun sçait que c'est vn honneur
Qui ne vient pas à l'auanture;
T'ayant veu toûjours éclater,
Comme ces feux qui de nature
Ne font que luire & que monter.

Ta constante fidelité,
Et ta soigneuse diligence
Font reposer en seureté
Les Diuinitez de la France.
Ce n'est pas sans vn juste choix
Que leurs volontez & leurs loix
Par ta plume sont dispensees;
Nul ne pouuoit mieux meriter
De seruir d'Organe aux pensees
De Minerue & de Iupiter.

Soit que les actes des mortels
Les obligent de se resoudre
Pour la grandeur de leurs Autels,
De lancer, ou laisser la foudre.
Ton style doux & glorieux,
Mais noblement imperieux,
Dans la rigueur, ou dans la grace,
Sçaura selon leur sentiment
Exprimer la flame, ou la glace,
L'excez, ou le temperament.

Pourſuy toûjours les nobles pas
Qui te conduiſent vers la Gloire:
Mais le TELLIER ne ceſſe pas
D'aymer les Filles de Memoire.
Tu ſçais que leurs inuentions
Peignent les grandes actions
Auec des couleurs magnifiques,
Et que du ſoin des beaux Eſprits,
Les vertus les plus heroïques
Reçoiuent leur plus digne prix.

On verra finir l'Vniuers,
Auant que de voir terminée
L'Image qui dans de beaux Vers
Marque la pieté d'Ænée.
Et ſi les miens ont des beautez,
A faire qu'ils ſoient reſpectez,
Des ans par qui tout ſe limite;
La ſçauante Poſterité
Aprendra d'eux que ton merite
Surpaſſa ta proſperité.

LA MORT D'HYPOLITE,
A MONSIEVR DE LORME
IDILE.

BELLE Ame dont les lumieres
Par des secrets si puissans,
Rendent les forces premieres
Aux corps les plus languissans.
DE LORME, Esprit tout de flame,
Qui pour trauailler sans blâme
A maintenir la santé;
D'vn soin difficile à croire
Par le chemin de la Gloire
Tens à l'Immortalité.

VERS HEROIQVES

Puis qu'en tes doctes presages
On void les decrets des Cieux ;
Et que tes moindres ouurages,
Sont des ouurages des Dieux.
Touché du secours fidelle
Qu'en vne fiéure cruelle
Ta franchise m'aporta ;
Il faut qu'icy je te nomme
Dans l'Auanture d'vn homme
Qu'vn autre ressuscita.

Le VAILLANT Prince d'Athenes
Apres mille maux souffers,
S'estoit échapé des chaisnes
Et des cachots des Enfers.
Il auoit en son courage
Maudit l'Autheur de l'outrage
Dont sa femme à son retour,
D'vne noire calomnie,
Déguisa l'ignominie
De son execrable amour.

Déja

Déja croyant l'imposture,
Ce Pere inconsideré,
Sur la moindre conjecture
Tenoit le crime aueré.
Et pour haster sa vengeance
Auec plus de diligence,
Les yeux en larmes confis,
Dans vne instance importune,
Il auoit prié Neptune
De la perte de son fils.

Tandis le triste Hypolite
Diuertissoit son ennuy
Auec des Nymphes d'elite,
Toutes chastes comme luy.
Et fuyant les autres femmes
Auec leurs lasciues flames
Et leurs amoureuses loix,
Ne prenoit plus de delices
Qu'aux innocens exercices
Que fait la Reyne des Bois.

Tantost il suit à la trace
Quelque Sanglier malfaisant,
Dont il affronte l'audace
Auecque l'épieu luisant.
Tantost au sommet des roches
Il va faire les aproches
De la Cauerne d'vn Ours,
Ou surprendre auec adresse
Les petits d'vne Tigresse
Qu'elle a laissez sans secours.

Il rend par ses assemblées
Auec les Chiens & les rets
Les familles desolées
De ces hostes des forets.
Et la Nymphe mal-contente
Que d'vne voix éclatante
Il réueille les matins ;
Ne cesse dans ses repliques
De l'auertir des pratiques
De ses malheureux Destins.

Vn jour assez pres de l'Onde
Pour contempler ses efforts,
Et l'orgueil dont elle gronde
En se creuant sur ses bords.
Sans penser au Monstre horrible,
Que dans vn calme paisible
La Mer tenoit recelé,
Il couroit sur ses arenes
Tenant vn foüet & des rénes
Dans vn Char bien atelé.

Tout à coup vn Mont liquide
Paroist au milieu des flots
Qui tient dans son flanc humide
Vn nouueau tonnerre enclos.
De cette masse animée,
Des tourbillons de fumée
S'éleuent à tous momens,
Et souuent d'vne ouuerture
Il sort vne flame obscure
Auec des mugissemens.

VERS HEROIQVES

A mesure qu'elle arriue
Vne suprenante horreur
Fait trembler toute la riue
D'vne secrette terreur.
Mais bien tost elle se créue,
Et vomît dessus la gréue
Sous la forme d'vn Taureau,
L'Objet le plus redoutable,
Et le plus épouuentable
Qui sortit jamais de l'eau.

Son corps de grandeur étrange
D'écailles est tout couuert,
Faisans vn confus mélange
De bleu, de jaune, & de vert.
Sa gueule est vne fournaise
Qui verse vn torrent de braise,
Et ses yeux brillans & clairs,
Du puissant éclat qu'ils d'ardent,
Frapent ceux qui le regardent
De mesme que des éclairs.

Portant sa teste cornuë
Vers l'infortuné Passant,
Il fendit trois fois la nuë
D'vn ton rude & menaçant.
Tous les airs en retentirent
Comme aux bruits qui s'entendirent
Autour des champs Phlegreans,
Quand les Dieux à coups de Foudre
Couuroient de flame & de poudre
L'insolence des Geans.

Par tout les Antres resonnent
De cette inhumaine voix:
Les Animaux s'en étonnent,
Se cachans parmy les bois.
Et les Nayades troublées,
Qui sur le bord assemblées
Font des naces de roseaux ;
De peur d'épreuuer sa rage
Abandonnans leur ouurage
Se replongent dans les Eaux.

VERS HEROIQVES

Les cheuaux tournans la teste
A peine ont peu regarder
Cette menaçante Beste
Qui vient droit les aborder,
Qu'à l'aspect de ce Prodige
D'effroy tout le sang leur fige,
Ils dressent oreille & crein,
Et dans leur fuite hastée
D'vne bouche épouuentée
Ils vont secoüant le frein.

Bien loin des flots qui s'étonnent,
De l'hoste qu'ils ont produit,
Les voilà qui s'abandonnent
A la peur qui les conduit,
Galopans à toute bride
De cette campagne arride
Ils font la poudre voler,
Et transportent de vitesse
Le Char qui ne fait sans cesse
Que sauter & s'ébranler.

La parole de leur Maiſtre
Ne les ſçauroit aſſurer,
Leur crainte ne peut s'acreſtre,
Ny ne ſe peut moderer.
Toûjours du Monſtre ſauuage
Ils penſent pres du riuage
Voir les yeux étincelans:
Au moindre bruit qu'ils entendent
Ils ſe jettent, ſe débandent,
Et font de nouueaux élans.

Sans que leurs frayeurs acheuent,
S'emportans comme vn Torrent;
Ils s'abatent, ſe releuent,
Et ſe choquent en courant.
La terreur qui les tranſporte,
Les preſſe de meſme ſorte,
En montant qu'en deſcendant,
Et n'eſt jamais arreſtée
Par la plus droite montée,
Ny le plus rude pendant.

VERS HEROIQVES

Au pied de quelques Colines,
Dont l'orgueil audacieux
Eust peu seruir aux machines
Qu'on dressa contre les Cieux ;
Le Char d'vne telle force
Rencontre la dure écorce
D'vn arbre qui s'auançoit,
Qu'à ce grand choq Hypolite,
Tombe à la renuerse & quite
Le siege qu'il remplissoit.

Par vne insigne disgrace
En venant à trébucher,
Vn tour de longe embarrace
Vn des pieds de ce Cocher :
Ainsi tombé sur la teste,
Sans que jamais il s'areste
Parmy ces lieux écartez,
Ce petit Neueu d'Ægée
Suit vne jambe engagée
Ses cheuaux épouuentez.

Eux

Eux dont les frayeurs s'irritent
Par ce nouuel accident,
En se hastans, precipitent
Cét Astre en son Occident.
Comme à la peine inuincibles
En des lieux inaccessibles
Ils vont errans vagabons;
Sur les pierres, par les hayes,
Son corps reçoit mille playes,
La teste fait mille bonds.

Ce chaste Amant de Diane
Est déja tout fracassé:
Sa teste n'a plus de crane,
Et tout son sang est versé.
Ce ne sont plus que blessures,
Qu'esquiles, que meurtissures,
Que poudre, & que sang caillé,
Et cette indigne auanture
Veut qu'une Ame toute pure
Sorte d'vn corps tout soüillé.

VERS HEROIQVES

❧

Cette Ame si glorieuse
Qui dans ce frêle sejour,
Fut toûjours victorieuse
De tous les trais de l'Amour.
Cette Ame qui trop entiere,
Fut l'innocente matiere
De ce funeste malheur :
Elle qui fuyant les vices
Tint bon contre les delices,
Se rendit à la douleur.

❧

Par de secretes brisées
Ce rayon de pureté
Va chercher aux Elisées
Le prix de sa chasteté.
Lors qu'vne troupe acouruë
Qui conduisoit de la veuë
Cét atelage peureux,
Apres de grandes alarmes,
Vint lauer de tiedes larmes
Son Corps sanglant & poudreux.

Des Deïtez bocageres
Blâmans la rigueur du sort,
Sur vn amas de fougeres
Poserent le Garçon mort.
Et ces Nymphes affligées
Tout à l'entour arengées
L'ayant couuert de Cyprés,
Firent au Ciel des reproches
Que le creux vaste des Roches
Repeta long-temps apres.

Mais areste Ombre dolente,
Ne passe point chez les morts:
Vne faueur excellente
Te va rejoindre à ton corps.
Diane à qui le merite
Du noble & chaste Hypolite
Tient l'Esprit préocupé,
Sans doute n'a pas enuie
Que d'vne si belle vie
Le fil soit si tost coupé.

VERS HEROIQVES

Elle fit jadis la guerre
Aux Titans audacieux,
Elle est grande sur la Terre,
Aux Enfers & dans les Cieux.
Du sage fils de Thesée
La vie est favorisée
De cette Diuinité,
Et par vne heureuse issuë,
Dés que sa mort sera sceuë
Il sera ressuscité.

Vne Nymphe écheuelée,
Hors d'haleine & sans couleur,
Dont la façon desolée
Sembloit parler de douleur.
D'vne jambe aussi legere
Que fuit la jeune Bergere
Deuant le Faune impudent;
En vne Forest épaisse,
Vint auertir la Deesse
De ce funeste accident.

DE Mr TRISTAN.

En vn lieu que la Nature
Pour tenir l'ombre à couuert,
Tapisse d'vne tanture
De fueillage frais & vert.
Aupres d'vne source viue,
De qui l'Onde fugitiue
Erre sur vn sable d'or;
La Vierge toute habillée
Reposoit sous la fueillée,
Le bras couché sur son Cor.

Son équipage de chasse
Estoit là tout à l'entour :
Sa Meute paroissoit lasse
D'auoir couru tout le jour.
Quelques chiens sur l'herbe verte,
Haletans la gueule ouuerte
Leur poumon rafraichissoient :
D'autres gayoient la fontaine,
Où se veautrans dans la pleine
A l'écart se delassoient.

VERS HEROIQVES

※

Par tout sur les branches viues
Il pend des anneaux d'osier,
Plains de Merles & de Griues,
Enfilez par le gosier.
Chaque rameau paroist riche
De Dains, & de Fans de Biche
Suspendus confusément,
Et mainte fourure fauue
A ce solitaire Alcoue
Sert de rustique ornement.

※

En cette morne auanture
Les Nymphes aux pieds dispos,
En differente posture
S'abandonnoient au repos.
L'vne à l'ombrage d'vn saule
Monstre à nud toute vne épaule,
N'ayant qu'vn crespe au dessous:
L'autre toute renuersée
La jupe à demy troussée
Découure vn de ses genoux.

Personne en ce Corps de garde
Ne veille pour empescher
Que le Faune ne regarde
Ce qu'il n'oseroit toucher :
Mais les rigueurs naturelles,
Qui dorment auec ces Belles,
Rendent leur somme leger :
Il n'est permis qu'au Zephire
D'y passer & d'y sous-rire,
Sans courre quelque danger.

Ce fut là que la Courriere
De ces nouuelles de dueil,
Les cheueux pleins de poussiere
Arriua la larme à l'œil.
Apres vne longue peine
Elle treuua la Fontaine,
Où dormoit la chaste Cour,
Et fit vn plus haut murmure,
Perçant l'épaisseur obscure
Des Brossailles d'alentour.

La Chaste & fiere Diane
Au bruit qu'elle entend mener,
Croit que c'est quelque profane
Qui vient pour l'importuner.
Déja son Arc sanguinaire
Prepare à ce temeraire
Dequoy l'arrester d'abord,
Quand la Nymphe qui soûpire
Se presente & luy vient dire
Comment Hypolite est mort.

Le teint de cette Immortelle
D'vn air modeste embelly,
Pâlit à cette nouuelle
Puis, rougit d'auoir pâly.
Les promptes Metamorphoses
De ces lys changez en roses,
Montroient plus clair que le jour,
Que dans ce triste message
La honte sur son visage
Combatoit auec l'amour.

Quand elle fut revenuë
De sa prompte émotion,
D'vne façon retenuë
Déguisant sa passion.
Sus, mes Compagnes, dit-elle,
Que promptement on atelle
Le Char que j'ayme le mieux;
Ce Char d'ebene & d'yuoire,
Où je parois en ma gloire
Quand je roule par les Cieux.

Au son de cette parole
Respectée au firmament;
Plus viste qu'vn trait qui vole,
On fit son commandement.
Et lors sans suite & sans guide,
Par les espaces du vuide,
Ayant la douleur au sein;
La Vierge qu'Epheze adore,
Vers le sejour d'Epidaure
Porta son secret dessein.

A MONSIEVR
FELIS
SONNET.

TOY qu'Apollon cherit, & qui le fais valoir
   Aux lieux où l'Ignorance a pris le plus d'empire;
FELIS, je suis malade ; & tout l'humain sçauoir
En combatant mon mal, le fait deuenir pire.

   Puisque c'est à l'honneur que ton desir aspire,
En prodiguant cette Eau dont le diuin pouuoir
Rapelle du tombeau lors mesme qu'on expire ;
D'où vient qu'en cét estat tu ne viens pas me voir ?

   Crains-tu de prendre soin d'vne cure inutile ?
Croy-tu que pour ton prix la grandeur de mon style
Ne produira plus rien d'assez delicieux ?

   FELIS si par tes Eaux ma fiéure est exilée,
Mes Muses baniront Ganimede des Cieux,
Pour t'y faire tenir vne Cruche estoilée.

LA SERVITUDE.
STANCES.

NVIT fraische, sombre & solitaire,
  Sainte depositaire
De tous les grands secrets, ou de guerre, ou d'amour;
Nuit Mere du repos, & Nourrice des Veilles
  Qui produisent tant de Merueilles,
Donne moy des Conseils qui soient dignes du jour.

Mais quel conseil pourrois-je prendre,
  Fors celuy de me rendre
Où je voy le Fleau sur ma teste pendant ?
Où s'imposent les loix d'vne haute Puissance
  Qui fait voir auec insolence
A mes foibles Destins son superbe Ascendant ?

Ie voy que GASTON m'abandonne
Cette digne personne
Dont j'esperois tirer ma gloire & mon suport :
Cette Diuinité que j'ay toûjours suiuie,
Pour qui j'ay hazardé ma vie ;
Et pour qui mesme encor je voudrois estre mort.

Irois-je voir en barbe grise
Tous ceux qu'il fauorise ;
Epier leur réueil & troubler leur repas ?
Irois-je m'abaisser en mille & mille sortes,
Et mettre le siege à vingt portes
Pour aracher du pain qu'on ne me tendroit pas ?

Si le Ciel ne m'a point fait naistre
Pour le plus digne Maistre
Sur qui jamais mortel puisse porter les yeux :
Il faut dans ce malheur, que mon espoir s'adresse
A la plus charmante Maistresse
Qui se puisse vanter de la faueur des Cieux.

En ce lieu mon zele poßible
Se rendra plus viſible;
On y connoiſtra mieux ma franchiſe & ma foy.
Ce n'eſt pas vne Cour où la foule importune
Des pretendans à la Fortune
Produiſe vne ombre épaiſſe entre le jour & moy.

Poßible l'Eſtoile inhumaine
Dont j'épreuue la hayne,
S'opoſera toûjours au bon-heur que j'atens.
Et quelques dignes ſoins que mon eſprit ſe donne,
Tous les labeurs de mon Autonne
Auront meſme ſuccés que ceux de mon Printemps.

O triſte & timide penſée
Dont j'ay l'ame glacée,
Et que je ne conçois qu'auec vn tremblement;
Fantôme déplaiſant & de mauuais preſage,
Faut-il que ta funeſte image
Me rende malheureux auant l'euenement?

T iij

VERS HEROIQVES

❧

Donc les cruelles Destinées
Veulent que mes années
En penibles trauaux se consument sans fruit!
Et c'est, ô mon Esprit, en vain que tu murmures
Contre ces tristes auantures,
Il faut que nous allions où le Sort nous conduit.

❧

Il s'en va nous mettre à la chaîne;
Le voila qui nous traine
Dans les sentiers confus d'vn Dedale nouueau.
Mon jugement surpris cede à sa violence,
Et je perds enfin l'esperance
D'auoir d'autre repos que celuy du Tombeau.

❧

L'Image de la Seruitude
Errant dans mon Etude,
Y promeine l'horreur qui reside aux Enfers:
I'oy déja qu'on m'enrôle au nombre des Esclaues,
Ie ne voy plus que des Entraues,
Des Iougs & des Coliers, des Chaînes & des Fers.

DE Mr TRISTAN.

Les Muses pâles & timides
Auec des yeux humides
Soûpirent hautement de mon secret dessein;
Et consultent déja s'il sera legitime
Que leur grace encore m'anime
De la diuine ardeur qui m'échaufoit le sein.

O ma raison ! dans ces alarmes,
Que ne prens-tu les armes
Pour t'oposer aux Loix de la captiuité ?
Rejettons les Liens d'vn cœur opiniastre;
Et ne feignons point de combatre
Iusqu'au dernier soûpir pour nostre Liberté.

Il faut auoir part à la gloire
Qu'ont aquise en l'Histoire
Tant d'illustres Heros qui brauerent le Sort;
Qui payerent toûjours d'vne si belle audace,
Et qui pressez de la disgrace,
Sauuerent leur franchise en courant à la Mort.

VERS HEROIQVES

Mais, ô discours déraisonnable!
O penser condamnable
Que m'a fait conceuoir vn insolent orgueil!
Ie suis bien aueuglé par la melancholie
Qui tient mon ame enseuelie,
De prendre de la sorte vn Port pour vn Ecueil.

Pardon Puissance souueraine,
Ie sens déja la peine
Que merite l'excez de ma temerité.
Ie fremis de ce crime, & sçay bien que la foudre
A reduit des Monstres en poudre
Qui n'auoient rien d'égal à mon impieté.

Celle à qui de tous mes seruices
I'ofre les sacrifices
En pourroit receuoir d'vn Roy victorieux,
Ie sçay qu'elle est au rang des Ames les mieux nées,
Et que les testes couronnées
N'ont point de sentimens qui soient plus glorieux.

Cette

Cette Merueille incomparable
Qui paroiſt adorable,
Tient toûjours ſous ſes pieds les Vices abatus;
Et les hautes Grandeurs qui ſe pourroient defendre
De la valeur d'vn Alexandre,
Se voudroient aſſeruir à ſes grandes Vertus.

C'eſt vne pure Intelligence,
Aucune connoiſſance
Ne ſe peut dérober à ſon raiſonnement:
Et ſes riches Palais, où brille la Peinture
A l'enuy de l'Architecture,
Sont pleins de ſon eſprit & de ſon jugement.

Cette Belle en qui l'on obſerue
Les graces de Minerue,
Perce & penetre tout de ſes diuins regars;
Et ſon Ame éclatante en lumieres infuſes
S'entend aux Ouurages des Muſes,
Et ſçait connoiſtre encor l'excellence des Arts.

Elle est noble, elle est genereuse,
Et paroist desireuse
Que son nom se conduise à l'immortalité ;
Les cent bruyantes voix qu'épand la Renommée
Par tout où sa gloire est semée,
Tombent toutes d'acord de cette Verité.

A qui donc selon mon enuie
Puis-je voüer ma vie
Qu'à ce diuin Sujet qui n'a point de pareil ?
Seruant cette Beauté qui rauit toutes choses,
J'auray le mesme honneur des Roses
Qui doiuent leur éclat à celuy du Soleil.

Vn bel Astre que je voy luire,
Et que je vay conduire
Va regler mes Destins d'vn regard de ses yeux ;
Suiure ce digne Objet qui n'eut jamais d'exemple,
C'est seruir, mais c'est dans vn Temple,
C'est vn peu s'abaisser, mais c'est deuant les Dieux.

STANCES

Doux remede à mes sens malades,
    Chastes Amadriades
Qui viuez saintement sous l'écorce des bois,
Qu'vn froid long & fâcheux tient vos beautez gênées!
    Vous n'auez point passé d'années
Où vous ayez soufert de plus seueres loix.

Le Soleil ce grand Luminaire,
    En son cours ordinaire,
A déja visité la Maison des Gemeaux:
Toutefois nuit & jour la bouche de Borée
    Qui se deuroit tenir serrée,
D'vn souffle impetüeux bat encor vos rameaux.

VERS HEROIQVES

※

Sans doute il a trop d'insolence,
Et cette violence
Le deuroit pour jamais de liberté priuer ;
C'est se monstrer rebelle aux loix de la Nature,
Qu'alonger ainsi la froidure,
Et donner au Printemps les frissons de l'Hyuer.

※

Comme l'vn a le priuilege
De regner dans la neige
Sur vn trône de glace orné de longues nuits ;
L'autre doit à son tour, d'vn tranquile visage,
Emailler tout le païsage,
Et produire des fleurs qui promettent des fruits.

※

Cependant vn vent plein d'audace
Vous gronde, vous menace,
Et vous détord les bras d'vn effort rigoureux ;
Lors que c'est la saison que l'aymable Zephire
Deuroit déja vous faire rire,
Vous declarant tout bas ses larcins amoureux.

DE Mr TRISTAN.

Il est temps qu'vn calme enuironne
Cette verte Couronne,
Dont vostre aymable front se treuue reuestu ;
La Nymphe de ces lieux ardamment le souhaite
Il faut qu'elle soit satisfaite,
Ou que le Ciel se plaise à fâcher la Vertu.

O que de qualitez brillantes,
Et de graces charmantes
Seruent à sa Beauté de celeste ornement !
Si la rondeur du Monde au merite estoit deuë ;
La Terre en sa large estenduë
Se verroit aujourd'huy sous son Gouuernement.

Lors que pour échaufer mon style,
Vn air doux & tranquile
Bannira la rigueur de ce froid criminel ;
Ie veux considerer ces belles auenuës,
Et par des routes inconnuës
Mediter à sa gloire vn Ouurage eternel.

Par des sentiers où le vulgaire
Ne s'achemine guere,
En de saintes fureurs je me veux engager;
Pour rendre son merite aux Ages memorable
D'vn témoignage venerable
Que les ans, ny l'oubly ne puissent outrager.

Si peu qu'Apollon me seconde,
Et que son soin réponde
A tant de dons diuins hautement étalez;
Ie sçay bien que l'éclat d'vne si belle Vie
Donnera mesme de l'enuie
Aux plus illustres jours que la Parque ait filez.

PROSOPOPEE
DE
LA FONTAINE
DE *

STANCES.

LA Nayade voisine en sa grote rustique
    Où soustenant vn vase antique,
Elle donne à ses eaux vn agreable cours;
Ne se peut consoler sur la triste auanture
    Qui semble menacer les jours
    D'vn Chef-d'œuure de la Nature.
    Et souuent parmy son murmure,
Son regret legitime éclate en ce discours.

VERS HEROIQVES

Clairs ornemens du Ciel, Astres, brillantes Causes
    Qui donnez l'ordre à toutes choses,
Et qui troublez par fois l'estat des demy-Dieux;
Si toûjours l'équité conduit vostre puissance,
    De grace ouurez icy les yeux
    Pour le maintien de l'innocence;
    Et faites cesser l'influence,
Dont vous persecutez la Nymphe de ces lieux.

La Vertu qui choisit cét Objet sans Exemple
    Pour en faire à jamais son Temple,
Deuroit loin de sa teste écarter les malheurs;
Et vous deuez sans doute, ô Puissances suprêmes
    Finir ses secretes douleurs,
    Sa grace & ses bontez extrémes
    Ont merité des Diademes,
Et n'ont point merité des matieres de pleurs.

J'ay

J'ay veu tous ses Ayeux, j'ay veu tous ses Ancestres,
    Mes grands, & mes illustres Maistres;
Fameux pour la valeur & pour la pieté;
Leur nom malgré le Temps éclate dans l'Histoire:
    Mais pour dire la verité,
    Sans faire tort à leur memoire,
    Ie tiens que leur plus grande gloire
Est d'auoir mis au jour cette rare Beauté.

Du plus subtil esprit que verse vostre flame
    Vous auez éclairé son Ame:
La raison souueraine est dans ses sentimens,
Elle est inaccessible aux amorces du vice,
    Ses moindres apas sont charmans,
    L'Honneur la tient en exercice,
    Et le Destin sans injustice
Ne la peut condamner aux plus legers tourmens.

X

Cependant on a veu changer cinq fois la Lune,
    Depuis qu'une crainte importune
Inquiete son cœur & l'oblige aux soûpirs:
Les Nymphes de ces Bois ressentant ses alarmes
    Ioignent leurs vœux à ses desirs,
    Et ne sçauroient plus voir sans larmes,
    Qu'un sujet si remply de charmes
Se treuue menacé de tant de déplaisirs.

Minerue de nos jours, vous qui prenez le Titre
    De grande & souueraine Arbitre,
De tous nos demy-Dieux & de tous nos Heros:
Ayez pitié des pleurs que répand cette Belle,
    Apaisez les vents & les flots
    De cette tempête cruelle,
    Vostre Gloire soufre auec elle,
Vous estes obligée à causer son repos.

SONNET

LOGEMENT nompareil, Superbe Apartement,
Où tout l'Art d'Italie est passé dans la France;
Lambris qui paroissez faits par enchantement,
Où par tout l'Or éclate auec magnificence.

Tableaux que l'on regarde auec étonnement,
Où de sçauans Pinceaux marquent leur excellence;
Cabinets de Cristal dont l'aymable ornement
Des beautez d'alentour redouble l'abondance.

Riche diuersité de meubles precieux,
Bain, Voliere, Orangers, Quartier delicieux,
Où loin des bruits confus la Vertu se repose.

Beaux Objets, vous donnez de la merueille à tous:
Mais sans vous faire tort on peut dire vne chose,
C'est que vostre Maistresse à plus d'apas que vous.

LA PAMOISON.

AV point que le mal empira
Qui vous fit pâmer sur la place :
Tout nostre sang se retira,
Nous deuinsmes froids comme glace.

On eust creu sans doute à nous voir
En cét accident pitoyable ;
Que vostre Alcône estoit l'Ouuroir
De quelque Sculteur admirable.

Nous estions tous en ce moment,
Sans parole & sans mouuement,
Du mal dont vous estiez touchée :

Ce n'estoient qu'Images par tout,
Dont la plus belle estoit couchée,
Et les autres estoient debout.

SONNET.

MON art ne peut ateindre à marquer la tendresse
Que vostre bonté donne à mon ressentiment :
O celeste personne ! ô diuine Maistresse !
Qu'on voit agir par tout si genereusement.

Que vous imitez bien cette grande Princesse
Qui vous fit dans sa Cour nourrir si cherement !
Et que vous faites voir auec beaucoup d'adresse
Des traits de son esprit & de son jugement.

J'auois fait vn dessein d'écrire à vostre gloire ;
Afin que l'on gardast à jamais la memoire
De tant de qualitez & d'apas rauissans.

Mais obseruant l'éclat d'vne si belle vie,
Ie voy que sa lumiere éblouït tous mes sens
Et me ferme la bouche aussi bien qu'à l'Enuie.

A LA FORTVNE

SONNET.

BEAV Monstre au poil épars, au visage de femme,
Que l'on voit éleué sur vn trône flotant;
Que l'on suit en tous lieux, que l'on reclame tant,
Et qui regnes par tout excepté dans mon ame.

FORTVNE, oste ton voile & contemple en Madame
Tout ce que le merite a de plus éclatant;
Tu perdras ces transports d'aueugle & d'inconstant,
Qui dispersent les biens & te chargent de blâme.

Mais quoy? veux-tu toûjours conseruer ta grandeur;
N'obserues point l'Objet de ma fidele ardeur:
Ce trait seroit fatal à mille autres personnes.

Voyant les ornemens dont il est reuestu,
Tu n'as point de Tresors, tu n'as point de Couronnes,
Que tu ne vinsses mettre aux pieds de sa Vertu.

POVR VN PETIT ENFANT
de marbre, qui tient vn liure de
Musique deuant vn bain.

MADRIGAL.

C'EST icy le bain de Diane:
L'autre jour ce petit garçon
Y vint chanter vn air profane;
Mais à la fin de sa chanson,
Il se sentit pour cette audace,
Changer en pierre sur la place.

LA PV·DEVR INNOCENTE.

MADRIGAL.

ATHIS ce Pasteur innocent
Qui brûlant, à peine à se taire,
Pour parler des feux qu'il ressent,
S'assit en vn lieu solitaire.

Comme il éclatoit sur les maux
Qu'Amour luy donne sans mesure:
Echo redit ses derniers mots
Du creux obscur d'vne masure.

Ah ! s'écria t'il interdit
Auec des frayeurs nompareilles,
Fuyons ; on me l'auoit bien dit
Les murailles ont des oreilles.

LA MAISON D'ASTREE

ODE.

PLAISANT Climat, diuin séjour,
Eloigné du grand Monde & de ses artifices,
Paisible Empire, & bien-heureuse Cour,
Où regnent les Vertus au milieu des delices.
Grands & merueilleux bâtimens,
Agreables compartimens,
Bois si doux, si frais, & si sombre,
Claires Eaux, belles Fleurs, admirable Maison,
Comme vos apas sont sans nombre,
Ils sont aussi sans prix, & sans comparaison.

L'orgueilleux Palais du Soleil
Brillant d'or & d'azur, de pourpre & de lumiere,
Dont la matiere est d'vn prix sans pareil,
Et de qui l'art encor surpasse la matiere.
Et celuy qu'Amour sceut bâtir
Quand il voulut assujettir
L'Esprit leger de sa Maistresse :
Bien qu'ils fussent construits auec tant de soucy,
Tant d'artifice, & de Richesse,
Auoient-ils de l'éclat au pris de cetuy-cy ?

Bien qu'en leur superbe portal
On veid sortir le feu de cent pierres d'élite,
Que chaque frise, & chaque pié-d'estal,
Fût fait d'vne Iacinthe, ou d'vne Chrysolite.
Et que cent Colonnes d'argent
Tout autour s'alassent chargeant,
Des plus chers objets d'vn Auare :
Ces dignes logemens fais de la main des Dieux,
A l'égal d'vn œuure si rare,
N'auoient pas le secret de contenter les yeux.

DE Mr TRISTAN.

Aussi celle qui fit bâtir
Cette rare Demeure eut bien plus d'industrie,
Et l'ordonnant, sceut bien mieux assortir
Les beaux materiaux auec la Symetrie.
Ce doux Sujet de nos tourmens,
L'éleua de ses fondemens
Iusques à la hauteur des nuës ;
Et ses soins diligens firent en peu de jours
Toutes ces belles auenuës,
A l'ayde seulement de la main des Amours.

Ces admirables Artisans,
Dans le soin d'obeïr à leur belle Princesse,
En tous mestiers se treuuerent sçauans ;
Et de tous les costez, trauaillerent sans cesse.
Lors on les veid se ralier
Au plus magnifique atelier,
D'où sortit jamais Edifice,
Apres s'estre obligez d'vn serment solennel
Chacun en son petit office
De faire en vn moment vn Ouurage eternel.

VERS HEROIQVES

Les vns dans quelque char leger
Qui fend l'air plus soudain que l'aisle de Zephire,
Guident vn Cygne & viennent décharger
Des cubes de cristal, d'agathe & de porphire.
D'autres dans la nuë éleuez,
Conduisans des pigeons priuez,
Ameinent du jaspe & du marbre ;
Et d'autres pour construire vn superbe Plancher
Traînent des pieces de quelque arbre,
Où le Phœnix peut-estre a dressé son bûcher.

Vingt de ces Enfans potelez
Qui mêloient de l'azur à l'or de ces Portiques,
Peignent à fresque & paroissent colez,
Entre ces ornemens qui sont si magnifiques :
Tandis d'autres petits Amours
Qui viennent d'égaler ces Cours,
Les pauent de marquetterie ;
Ceux-cy font des festons à quelque chapiteau,
Ceux-là font la charpenterie ;
Et d'autres vont forger les portes du Chasteau.

DE Mr TRISTAN.

※

L'vn à petits coups de marteau
Acheue deux Lyons qui deſſus cette entrée,
Semblent commis à garder ce Chaſteau,
Les ongles atachez ſur les armes d'Aſtrée.
Ils ſont d'vn aſpect ſi hydeux,
Que le Sculteur meſme aupres d'eux
Ne peut eſtre ſans épouuente,
Et d'vn eſprit troublé ne ſçait comment finir,
Ces vers que d'vne main ſçauante,
Il met ſous l'écuſſon qu'il leur fait ſoûtenir.

※

Madame, nonobſtant l'afront
Que fait à la raiſon la douceur de ſes charmes,
Deuroit vn jour porter deſſus ſon front
Les Couronnes qu'elle a ſeulement dans ſes Armes.
Mais quiconque voit les treſors,
Dont le Ciel enrichit ſon corps
Et voulut embellir ſon ame,
Iuge que la Fortune ayant les yeux ouuerts
Ne pourroit ſans honte & ſans blâme,
Ne luy preſenter point celle de l'Vniuers.

VERS HEROIQVES

❧

Sans bandeau, sans trais & sans arc,
Ces jeunes Deïtez se montrent diligentes,
 Pour embellir les jardins & le Parc,
Soit à semer des Fleurs, soit à faire des Entes.
  Cetuy-cy d'vn subtil pinceau,
  Trace sur ce plaisant ruisseau
  Vne excellente perspectiue ;
L'autre guidant le coultre en ces petits guerets,
  Que soigneusement il cultiue
Pique deux Fans de Biche auec vn de ses trais.

❧

 Tandis que l'vn donnant des loix
A la course des eaux rend leurs flots plus superbes ;
 L'autre en mettant de l'ombre dans ce Bois,
Epand de la fraîcheur dessus l'émail des herbes.
  Si ceux-cy bordent ce chemin
  De palissades de Iasmin,
  Aussi blanc que leur beau visage ;
Auec autant de soin ces autres Iardiniers
  Plantent aussi pour leur vsage,
Vne grande forest de petits Citronniers.

Là haut vn petit ménager
Afin que les humains tirent fruit de ses peines,
Dans les quarrez d'vn jardin potager,
Seme soigneusement toutes sortes de graines.
Il y met des preseruatifs,
Pour les venins les plus actifs,
Dont la santé soit menacée :
Mais le traistre qu'il est, ne fournit point ces lieux,
De Moly, ny de Panacée,
Pour guerir du poison que versent deux beaux yeux.

Cét Amour au bout de ce Mail
A limé doucement de riches fenêtrages ;
Sur qui cét autre aplique de l'émail,
Afin de donner l'Ame à ces diuins ouurages.
Sur le haut ils ont fait des fleurs
Auec de si viues couleurs,
Qu'elles paroissent naturelles :
Zephire en est touché d'vne amoureuse ardeur,
Et tâche en soûpirant pour elles,
De joindre à leur beauté la grace de l'odeur.

Ces deux Maiſtres ſi bien inſtruits
Font reluire tout contre vne excellente porte ;
Et ſur le haut repreſentent les fruits
Que ſelon les ſaiſons ce grand verger aporte.
Les yeux étonnez, & contens,
S'imaginent que le Printemps
Tienne là ces ceriſes fraîches ;
Que déja les chaleurs ont meury ces muſcats,
Et que ces pommes & ces pêches,
Seroient en vn deſſert des mets bien delicats.

Chaque Satyre d'alentour
De ce coupeau voiſin ſans ceſſe les regarde ;
Et n'oſe pas s'en aprocher le jour,
Tant l'infame a de peur que quelqu'vn ne les garde.
Mais franchiſſant ce mur d'vn ſaut,
La Nuit il leur donne l'aſſaut,
Penſant bien y treuuer ſon compte ;
Et regagnant les champs plus viſte que le vent,
Ne r'emporte que la honte
Qu'vn Objet ſi naïf l'ait trompé ſi ſouuent.

Cependant

DE Mr TRISTAN.

Cependant les diuins Maçons
Sans faire d'échafaux pour éleuer la pierre,
Suiuent toûjours les sçauantes leçons
De celuy qui conduit le compas & l'équierre.
Mais ils ont tantost acheué,
Ce Dome est assez éleué,
Cét autre a pris ses justes toises,
Et ces Couureurs legers ont tantost fait encor,
Qui posent en forme d'ardoises,
Des quarrez de Lapis dessus des lates d'or.

Vn de ces Ouuriers emplumez,
De qui Timante mesme eut apris la peinture,
A déja fait mille trais animez,
Qui témoignent que l'Art surpasse la Nature.
Dedans le vuide des quarrez
Qui sont en ces lambris dorez,
Dont les chambres sont étofées;
Cét Amour s'est dépeint en cent actes diuers,
Par lesquels ses plus grands trophées,
Et ses plus doux secrets nous sont tous découuerts.

Z

VERS HEROIQVES

Pour vn hierogliphe en ce lieu,
Que la force d'Amour est vrayment sans seconde ;
On void courber le dos du petit Dieu,
Qui porte comme Athlas le faix de tout le Monde ;
Et cét autre petit Amour
Qu'vn serpent ceint tout à l'entour
Exprime vne eternelle flame ;
Que l'on doit sous ses loix seruir fidelement,
Et qu'il faut qu'en vne belle ame,
Vn feu bien allumé dure eternellement.

En ce lieu voguant sans vaisseau,
D'vn bandeau sur sa trousse il a formé des voiles ;
Pour auirons de ses traits il fend l'eau,
Et tire à deux beaux yeux dont il fait ses Estoilles ;
Ainsi malgré les soins jaloux,
Et tout le celeste couroux
Qui peut s'opoſer à leurs joyes
Eclairez du beau feu qu'ils portent dans le sein,
Les Amans treuuent mille voyes
Pour faire succeder vn amoureux dessein.

Chassant vn Cerf de ce costé
Qu'à force de courir il a mis hors d'haleine;
Il nous fait voir comment vne Beauté
Ne se peut obliger sans deuoirs & sans peine.
Et de l'autre, arosant des fleurs,
Afin que leurs viues couleurs
S'augmentent par ce bon office:
Il instruit Idalie auec cette action,
A me traiter sans artifice,
Montrant que la faueur acroist la passion.

Dans ces aymables promenoirs
Qu'il imprime à regret de sa diuine piste,
Loin d'vn bel œil, les lys luy semblent noirs,
Le jour luy paroist sombre & la verdure triste.
Aussi lors que je suis priué
De celle qui m'a captiué,
Ie ne treuue que des suplices:
Tous les objets de joye iritent mon tourment,
Et pour moy toutes les delices,
Ne sont que des sujets de mécontentement.

Icy faisant voir par pitié
Le peu durable estat des Oeillets & des Roses,
Il montre aux cœurs qui sont sans amitié
Que le temps fait ainsi passer les belles choses.
Et là chamaillant sans cesser
Ce Chesne qu'il veut renuerser
Auec de si petites armes;
Par sa perseuerance, il enseigne à l'Amant
Qu'vn flux continuel de larmes,
Pourroit enfin cauer vn cœur de diamant.

Il s'est peint dans vn grand Tableau
Portant le feu du jour dans vn vase de verre,
Comme Apollon sortant du sein de l'eau,
Vient d'vn nouuel éclat illuminer la Terre.
Ses quatre cheuaux indomtez,
Souflent de longs trais de clartez,
Sortant de leurs moites demeures;
Les vns tournent la teste, & d'vn regard mutin,
Paroissent menacer les Heures
Qui les ont se leur semble atelez trop matin.

DE Mr TRISTAN.

L'Astre en mille diuers accens
Entend les complimens des hostes des bocages,
Et sa clarté reçoit au lieu d'encens
La vapeur de ces eaux & de ces Marécages;
L'Aube que la lumiere suit,
Fait signe aux ombres de la Nuit
Qu'elles rentrent dedans leurs Grotes :
Et tâche à découurir parmy l'herbe & les fleurs,
Dont Himette couure ses motes
Ce Chasseur dont l'amour l'oblige à tant de pleurs.

Ce Peintre a bien sceu rechercher
L'Orage dont Iunon troubla cette journée,
Qu'elle liura dans le creux d'vn rocher
La Reine de Cartage entre les bras d'Ænée.
Les Veneurs parmy les forests,
Quitant les toiles & les rets,
Cherchent des forts contre la pluye :
Et Didon cependant dont l'Amour est vainqueur,
En quelque quartier qu'elle fuye,
Sent toûjours mille dards qui grêlent sur son cœur.

      L'Orgueilleuſe Reine des Cieux
Sous-rit auec Venus de cette tromperie,
    Et conduiſant ces deux Amans des yeux,
Terniſt ſa chaſteté d'vn peu d'éfronterie.
        Les voyans tous deux embraſſez,
        Elle penſe que c'eſt aſſez
        Pour ouurir ſon cœur à la joye;
Elle croit que ſa ruſe a trahy les Deſtins,
        Et que ce fugitif de Troye
Ne fondera jamais l'Empire des Latins.

      Pan court Siringue dans ces Eaux,
Entre ſes bras pelus la Nymphe eſt enfermée:
    Mais il ne tient que de frêles roſeaux,
En quoy pour la ſauuer, les Dieux l'ont transformée.
        Vne Driade à l'autre bord
        Voyant ce ridicule effort,
        En témoigne vn exces de joye:
Et l'impudent Satyre apres auoir manqué
        Sa belle & delicate proye,
Pleure de ſa diſgrace & de ſe voir moqué.

DE Mr TRISTAN.

Un Pasteur en offrant ses Vœux
A quelque Villageoise au fonds de ces bocages,
Perdit le soin de gouuerner ses bœufs,
Qui se sont embourbez dedans ces marécages ;
Hors d'espoir de les détourner,
Et de les pouuoir r'amener,
Il lamente ses auantures ;
Et pensant au sujet qui l'a tant amusé,
Ne fait qu'adresser des injures
A l'Amour qui se rit du mal qu'il a causé.

Ce Cupidon pour faire voir
Qu'il a rendu par fois la vertu ridicule,
Et que tout cede à son diuin pouuoir ;
A mis vne quenoüille entre les mains d'Hercule.
Le fuseau coule en tournoyant,
Omphale sous-rit le voyant
En cette plaisante posture ;
Et ses filles d'honneur d'vn air imperieux
Discourent sur cette auanture,
Si celuy qui les voit en veut croire ses yeux.

Il a depeint tous les exploits
D'vn Monarque inuincible en cette Galerie ;
    Qui pouuant voir l'Vniuers sous ses loix,
Fut soûmis par les yeux d'vne belle Marie.
        Ce Prince en l'âge le plus bas
        Montre dans l'horreur des combas
        Vne asseurance plus qu'humaine ;
On luy void en naissant luter vn lionceau,
        Et comme le grand fils d'Alcmeine,
Etrangler des serpens au sortir du Berceau.

Instruit de bonne heure au mestier
D'endosser la cuirasse & de faire la guerre,
    Pour l'exercer, il est fait heritier
Du Sceptre le plus beau qui soit dessus la Terre.
        Vn grand nombre de Concurrans
        Se presente dessus les rangs
        Pour rendre la France ocupée ;
Et luy donner sujet de gagner brauement
        A la pointe de son espée,
L'Estat qu'à sa naissance on deuoit justement.

DE Mr TRISTAN.

Là dans le plus fort des dangers,
Qui pour sa jeune ardeur ont toûjours tant d'amorces,
Ce grand HENRY fait voir aux Estrangers,
Que son courage seul vaut bien toutes leurs forces.
Il renuerse leurs bataillons,
Comme on void dedans les sillons
L'Orage abatre les jaueles;
Et son bras indomté ne cesse de cueillir
En mille rencontres nouuelles,
Des rameaux de Laurier qui ne sçauroient vieillir.

Deuant ces Villes & ces Forts
Qui font par tant de sang acheter la victoire,
Il se hazarde autant que si son corps
Estoit fait immortel aussi bien que sa gloire.
Les foudres de ce nouueau Mars
Ont démoly tous ces remparts,
Auecque tant de vehemence;
Que ses Sujets mutins sans voix & sans couleur
Viennent implorer sa Clemence,
Eux dont la vaine audace irrita sa Valeur

L'Ennemy qui fuit deuant luy,
Semble auoir la Terreur peinte sur le visage;
Et ne sçait plus, plein de honte & d'ennuy,
Quel nouueau stratagéme il doit mettre en vsage.
Son cœur qui dans les flancs luy bat,
N'ose plus atendre au combat
Vne valeur si peu commune:
Et void bien que ce Prince est trop auantagé
Soit de merite ou de fortune,
Pour qu'vn Sceptre en ses mains puisse estre partagé.

Icy le sage Sillery,
Dont la bouche versoit vn torrent d'éloquence,
Et qui du Roy fut toûjours si chery,
Luy parle d'vn traité de grande consequence.
Il a par ses conseils prudens,
Fait des Miracles éuidens
Pour la grandeur de nos Monarques:
Et dans les graues soins qu'on luy fit embrasser,
Il s'est dépeint auec des marques
Que l'oubly, ny le temps ne sçauroient effacer.

DE Mr TRISTAN.

Mais apres les meurtres épaix,
Dont ce Prince admirable assura sa Couronne,
D'vn œil riant il retire la Paix
Du trouble & du seruage, où la tenoit Bellonne.
Là bas sa liberalité
Qui remet en tranquilité
Les corps comme les consciences ;
Releue noblement auec vn doux acueil,
Les Arts, les Loix, & les Sciences,
Qu'vn tumulte si long auoit mis au cercueil.

Mais qui voy-je dans ce Tableau ?
C'est vn Heros celebre entre les plus illustres,
De qui le nom n'ira point au Tombeau
Quand son corps y seroit plus de quatre cens lustres.
Ce braue & noble Valançay,
Qui pour son premier coup d'essay
Fit vingt actions heroïques ;
Et qu'en seruant la France on a veu mille fois
Brosser dans des forests de piques,
De mesme qu'vn Sanglier brosse parmy des Bois.

Aa ij

VERS HEROIQVES

Peintre c'est assez trauaillé,
Vous auez sur la toile assez fait de visages;
Et ce lambris est assez émaillé,
Que vous auez remply de tant de païsages.
 Les yeux treuuent assez d'atrais
 En la quantité des beaux trais,
 Dont cette Demeure est pourueuë;
Iamais l'Antiquité n'eut rien de si charmant,
 Et vous offenseriez la veuë
De luy vouloir donner plus de contentement.

Cessez Artisans immortels,
Vos diuerses beautez se treuuent sans pareilles,
Chacun de vous merite des Autels,
Et vos moindres labeurs sont autant de Merueilles.
 Rien n'est pareil aux ornemens
 De ces aymables logemens,
 Bien que la masse en soit petite;
Et ces lieux plus charmans & plus delicieux,
 Que ceux que Iupiter habite,
Le pourroient bien tanter d'abandonner les Cieux.

Dans ce Parc qu'on a si bien clos
On ne void point d'Objets qui n'inspirent la joye,
 Depuis ces fleurs, jusqu'à ces petits flos,
Où le desir s'enyure, & le soucy se noye.
  Tous ces arbres sont bien plantez,
  Le fruit y rit de tous costez,
  Ces terres sont bien égalées;
L'œil de la perspectiue est assez satisfait,
  Et la moindre de ces alées,
Est plus digne des Dieux que le chemin de Lait.

Amours, les desirs sont contens
De la Beauté diuine à qui vous voulez plaire;
 Acourez donc, venez de vostre temps,
Et de tous vos labeurs receuoir le salaire.
  Vous comblant de contentement,
  Pour reconnestre dignement
  La peine que vous auez prise;
On vous fera baiser la neige de ses mains,
  Qui captiueroient la franchise
De tous les immortels, & de tous les humains.

CE Palais des Amours, qui est vn des premiers Ouurages de l'Autheur, n'est pas icy dans l'estat qu'il souhaiteroit, en ayant égaré quelques Vers dans les voyages qu'il a faits hors du Royaume ; S'il peut vn jour les recouurer, vous aurez cette superbe Maison mieux acheuée.

A MONSEIGNEVR
LE DVC
DE GVYSE
SONNET.

PRINCE qu'on peut nõmer la gloire de noſtre Age,
J'obſerue ton merite auec étonnement,
C'eſt l'Oeuure en qui le Ciel joint le plus hautement,
La grandeur de l'eſprit à celle du Courage.

Par tout, ta grace éclate auec tant d'auantage,
Et d'vn charme ſubtil rauit ſi doucement :
Qu'on ne peut ſans amour obſeruer vn moment
Le ſon de ta parole & l'air de ton viſage.

Mais lors que l'on te void les armes à la Main
Choquer vn ennemy d'vn effort plus qu'humain,
Cette audace heroïque eſt vne autre merueille :

Et de quelques apas dont tu puiſſes charmer,
On juge auec raiſon que ta force eſt pareille,
Soit pour te faire craindre, ou pour te faire aymer.

SONNET.

VA, marche sur les pas des Heros de ta race,
Qu'au milieu des combats on a veu couronner;
Prince dont le merite heureusement surpasse
L'effort de la creance & l'art d'imaginer.

Sur le sanglant Theatre où le Dieu de la Thrace,
De spectacles d'horreur se void enuironner,
Tu vas faire vne scene où la Belgique audace
Aura dequoy se plaindre & dequoy s'étonner.

Mais tu seras à plaindre, ô merueille des Princes,
Encore que ton bras desole ces Prouinces,
Et comble l'Ennemy de honte & de malheur.

La France fait obstacle à ta gloire éclatante;
Car l'espoir est si grand qu'elle a de ta valeur
Que tu ne peux jamais surpasser son atente.

STANCES.

STANCES

IE ne sçaurois cacher ma joye,
Il faut que j'en enuoye
Les éclats jusques dans les Cieux :
Souuerains Directeurs des affaires humaines,
En me donnant des chaînes
Vous m'auez octroyé ce que j'ayme le mieux.

Il ne se treuue rien de rude
En cette seruitude
Par qui l'Esprit soit affligé,
Et les plus libertins que la contrainte étonne
Fuiroient vne Couronne,
Pour embrasser les fers où je suis engagé.

VERS HEROIQVES

❧❧❧

J'ay beau rechercher dans l'Histoire
Les Amans de la Gloire,
Chez les Grecs, & chez les Romains.
Malgré ce grand éclat que l'on y void paréstre,
Ie treuue que pour Maistre
I'ay le plus acomply d'entre tous les Humains.

❧❧❧

Les plus heureuses influences,
Qui des grandes Naissances
Composent les apas diuers,
Et ce que les Heros ont pû mettre en vsage
D'esprit & de courage
Se peuuent obseruer au Prince que je sers.

❧❧❧

Jamais vne celeste flame
N'infusa dans vne ame
Tant de lumiere & de chaleur;
Iamais des qualitez dignes d'estre adorées
Ne se sont rencontrées
Auec tant de bonté, de grace & de valeur.

Le jugeant digne d'vn Empire,
Tout ce qu'on treuue à dire
En vn Sujet si glorieux.
C'est qu'il s'est laissé prendre à la beauté d'Elise,
Et qu'Amour le maistrise,
Amour qui bien souuent a maistrisé les Dieux.

Mais quiconque void cette Belle,
Treuue aussi-tost en elle
Les excuses de ce défaut.
Et ne s'étonne point qu'vn si charmant visage,
Prenne tant d'auantage
Sur l'ame la plus grande, & le cœur le plus haut.

Pour vne moins belle Maistresse,
Tout l'espoir de la Grece
Languit neuf ans dans vn Vaisseau ;
Et pres d'vne Beauté mille fois moins aymable,
Hercule l'indomtable
Abandonna la masse & tourna le fuseau.

Bb ij

VERS HEROIQVES

❊⁂❊

Toutefois ce nouuel Alcyde
Vole, où l'Honneur le guide,
Sans qu'Amour le tienne aresté ;
Et quand Mars le demande on void bien que cette Ame
Qu'Elise met en flame,
Brûle aussi du desir de l'immortalité.

❊⁂❊

Sans qu'aucun obstacle l'areste
Il vole à la conqueste,
Où son courage est employé ;
Et tout couuert de sang, de fumée, & de poudre,
Il va lancer la foudre,
A l'honneur des beaux yeux dont il est foudroyé.

SVR VN PORTRAIT

ODE.

L'ART enuieux de la Nature
Fit icy son plus grand effort,
Pour animer vne peinture
Capable de donner la mort.
Qu'elle est belle, qu'elle est charmante,
Et que l'ardeur est vehemente
Qu'elle allume insensiblement !
Mais Amour jaloux de l'Ouurage
Des fameux Peintres de cét Age,
D'vn air plus doux & plus charmant,
Fit en mon cœur vne autre Image
Qui brûle encor plus viuement.

VERS HEROIQVES

Ce PORTRAIT demeure immobile,
Encor qu'il paroisse viuant:
Quoy que Naucray soit fort habile,
Amour s'est montré plus sçauant.
Il a mieux tiré dans mon Ame
Auecque ses crayons de flâme,
L'Objet qui me donne des loix.
C'est de sa maniere excellente,
Qu'Elize m'est toûjours presente :
Ie voy ses yeux qui sont mes Rois,
Elle se meut, elle est parlante
Et j'entends le son de sa voix.

Telle qu'vne naissante Aurore
De qui les apas éclatans,
Auec vn beau jour font éclore
Toutes les roses du Printemps..
Telle dans mon ame tracée,
Parest aux yeux de ma pensée
La Beauté qui fait mes douleurs.
Ie luy raconte mes soufrances,
Mes soins & mes impatiences,
Et la Belle en verse des pleurs ;
Qui font entre mes Esperances,
Eclore de nouuelles Fleurs.

Ie la voy dans ce grand Empire,
Qui seul est digne de mes vœux;
Et mes soûpirs comme vn Zephire
Font mouuoir l'or de ses cheueux.
Vn modeste soû-ris se jouë
A former vn point sur sa jouë
Dont les apas sont rauissans;
Ie voy la personne diuine,
A qui la Vertu me destine
Auec mille charmes puissans,
Et treuue l'aymable origine
De tous les maux que je ressens.

J'ateste l'éclat de sa bouche,
Dont l'ordre m'est toûjours si cher,
Que sa joye est ce qui me touche,
Et tout ce qui me peut toucher:
Que tout le bien que je souhaite,
C'est de la rendre vn jour parfaite,
Par les soins les plus glorieux.
Qu'elle me peut en souueraine
Dispenser le prix ou la peine,
Et s'assurer que sous les Cieux,
Il n'est rien que je n'entreprenne
Au moindre signe de ses yeux.

STANCES

CHASTE ELIZE dont la Beauté
Regne auec tant d'authorité
Sur le plus grand cœur de la Terre,
Ie tremble de respect pour vous,
Et crains moins vn coup de tonnerre
Qu'vn éclat de vostre courroux.

En vn estat si glorieux
Vn seul mouuement de vos yeux
Peut balancer toutes nos testes,
Ce ne sont que vos volontez
Qui forment toutes nos tempestes,
Et toutes nos serenitez.

Que si rien pouuoit alterer,
Les bontez qui font adorer
Vne si charmante Maistresse,
Vn desespoir tout aparent
Nous consommeroit de tristesse,
De mesme qu'vn feu deuorant.

Mais le Ciel ne permette point,
Que vostre rigueur à tel point,
Réponde à nos humbles hommages?
Veid-on jamais les immortels
Foudroyer leurs propres Ouurages,
Et briser leurs propres Autels.

SONNET.

SVR la fin de son Cours le Soleil sommeilloit,
Et déja ses Courciers abordoient la Marine,
Quand Elize passa dans vn char qui brilloit
De la seule splendeur de sa beauté diuine.

Mille apas éclatans qui font vn nouueau jour
Et qui sont couronnez d'vne grace immortelle;
Les rayons de la Gloire & les feux de l'Amour,
Ebloüissoient la veuë & brûloient auec elle.

Je regardois coucher le bel Astre des Cieux
Lors que ce grand éclat me vint fraper les yeux
Et de cét accident ma raison fut surprise :

Mon desordre fut grand je ne le cele pas,
Voyant baisser le jour & rencontrant Elize,
Ie creus que le Soleil reuenoit sur ses pas.

STANCES

FINISSEZ bruits trompeurs, ridicules mensonges,
Qui peignez des tableaux à la façon des songes :
Fantômes de la nuit que la clarté du jour
  Efface à son retour.

Elize est reuenuë auec toutes les Graces
Qui volent deuant elle, ou marchent sur ses traces :
Elle a tous les apas & toutes les beautez
  Qu'elle auoit emportez.

L'Air n'a point fait d'outrage à ses rares merueilles;
Il paroist qu'vn faux bruit a blessé nos oreilles,
Et qu'effectiuement le mal n'a point ateint
  L'éclat de son beau teint.

Cét air contagieux fatal aux belles choses
Qui rauage d'vn teint & les lys & les roses
Sçait qu'à nostre Heros son visage est trop cher
Pour l'oser aprocher.

Mais tant de dons du Ciel font briller cette Belle
Qu'elle ne seroit point passible ny mortelle,
Si les rares vertus maintenoient la beauté
Dans l'immortalité.

Vn long accez de fiéure & d'assez grandes peines
Ont allumé deux jours son beau sang dans ses veines
Pour venger vn grand cœur que cét Astre d'Amour
Fait brûler nuit & jour.

STANCES

HEROS aymable & glorieux,
Ornement du siecle où nous sommes,
Prince braue à l'égal des Dieux,
Et charmant au delà des hommes.

Selon vostre commandement
I'ay veu cette rare Merueille
Dont par fois la nuit en dormant
La belle Image vous réueille.

Je l'ay veuë auec des douleurs,
Que son Ame conserue encore
Representant auec ses pleurs
Le personnage de l'Aurore.

Si pour conseruer ses beautez
Vous n'acourez en diligence,
Ses Cheueux seront mal traitez,
Sur le sujet de vostre abscence.

J'ay crainte mesme que ses Mains,
Si vous ne hastez ce Voyage,
Dans leurs mouuemens inhumains
S'en prennent à son beau visage.

Mais pour flater vostre desir,
Ie meure si je la console
Sur vn sujet de déplaisir
Qui m'a fait perdre la parole.

Ayant l'honneur de luy parler
Sur cette absence regretable,
Si je croyois la consoler
Ie resterois inconsolable.

Ce dessein deust-il m'atirer
Tous les maux qu'atirent les crimes,
Ie ne feray que l'asseurer
Que ses pleurs sont fort legitimes.

VERS HEROIQVES

SVR LE PASSAGE DE SON ALTESSE
SONNET.

VENVS, Fille de l'Onde & Mere de l'Amour,
Si jamais ta faueur feruit au nauigage,
D'vn Heros inuincible auance le voyage :
Puis qu'Elize soûpire atendant son retour.

Commandé à ces Tritons qui te firent la Cour,
Qu'ils aillent aplanir les flots fur son paffage ;
Et par l'espace au moins d'vne nuit & d'vn jour,
Que le Ciel soit sans trouble & la Mer sans orage.

Son Vaiffeau se commet à l'Empire flotant :
Voy comme fur la Poupe en habit éclatant,
Par son aspect augufte il rend l'Onde apaisée.

Mais que dif-je, ô Venus, détourne tes regars
De peur de deuenir Amante & méprisée
S'il entroit dans ton cœur à la place de Mars.

LES INQVIETVDES.

MADRIGAL.

QVE le temps marche lentement
Pour amener le doux moment
Dont me flate mon esperance!
C'est au moins vn siecle qu'vn jour,
Mesuré par l'impatience
D'vne Ame qui brûle d'amour.

VN PETIT OYSEAV PARLE.

MADRIGAL.

PASSANT plus viste qu'vn éclair
Par les vagues pleines de l'air,
J'ay veu tout le Monde habitable;
Mais Elize est incomparable.
La Nature n'a point formé
Ny d'Objet qui soit plus aymable,
Ny d'Objet qui soit plus aymé.

LE PROVERBE VERIFIÉ.

SONNET.

L'INVINCIBLE Anaxandre a perdu la franchise,
Luy qui pourroit l'oster aux premiers des humains:
Mais s'il en fait hommage à la beauté d'Elize
Pouuoit-il la remetre en de plus belles mains?

Je ne m'étonne pas que les trais de ses yeux
Donnent à ce grand cœur vne ateinte profonde;
Elle est comme le Prince vn Chef-d'œuure des Cieux;
Et l'on peut les nommer deux Miracles du Monde.

Je tenois ce discours quand Elize passa;
Et lors qu'elle parut le Soleil s'éclypsa
Pour luy quiter son rang en tout nostre Hemisphere.

O Muses, dis-je alors, il faut que nous croyons
La verité qu'enseigne vn Prouerbe vulgaire
En parlant d'un Soleil, j'en ay veu les rayons.

MADRIGAL.

LES fleurs que le Printemps produit,
Et les petits feux de la nuit,
Se comteroient pluſtoſt que mes triſtes alarmes :
Mais Amour ce cruel, qui ſe rit de mes ſoins,
De mes ſoûpirs & de mes larmes,
M'acuſe encor d'en auoir moins
Que voſtre beauté n'a de charmes.

L'EXTASE D'VN BAISER.
SONNET.

AV point que j'expirois, tu m'as rendu le jour,
Baiser, dont jusqu'au cœur le sentiment me touche,
Enfant delicieux de la plus belle bouche
Qui jamais prononça les Oracles d'Amour.

Mais tout mon sang s'altere, vne brûlante fiéure
Me rauit la couleur & m'oste la raison;
Cieux! j'ay pris à la fois sur cette belle léure
D'vn celeste Nectar & d'vn mortel poison.

Ah! mon Ame s'enuole en ce transport de joye!
Ce gage de salut, dans la tombe m'enuoye;
C'est fait! je n'en puis plus, Elize je me meurs.

Ce Baiser est vn sceau par qui ma vie est close:
Et comme on peut treuuer vn serpent sous des fleurs,
I'ay rencontré ma mort sur vn bouton de rose.

PROTESTATIONS AMOVREVSES.

MADRIGAL.

IE protefte à voftre beauté,
Qu'elle a pris fur ma liberté
Vn Empire fort legitime;
Puis que l'Amour & la Raifon,
L'Honneur, le Merite & l'Eftime
Sont les Geoliers de ma Prifon.

SONNET.

ADMIRABLE Concert de celestes beautez,
Magnifique Recueil de fleurs & de lumieres,
Quel Aygle audacieux pres de tant de clartez,
Ne seroit pas contraint de fermer les paupieres?

Quelle haute Raison maintient les libertez,
Quand il vous plaist de voir les Ames prisonnieres ?
Et qu'auez vous de moins que les Diuinitez,
Puis que vous atirez nos vœux & nos prieres?

O que j'auray d'honneur mesme dans le Cercueil!
Encore que ma foy qui combat vostre orgueil,
En lieu de vous fléchir, sans cesse vous irrite.

Car sur ma sepulture on lira quelque jour
Que ce fut pour le moins vn Soleil en merite,
Qui reduisit en cendre vn Phenix en Amour.

SONNET.

Ô BEAUTÉ qu'un depart aflige
D'un mal pire que le trépas;
L'Amour aux larmes vous oblige,
Mais la Raison ne le veut pas.

Celuy dont vous pleignez l'abfence
Vous impofe un eftat plus doux;
Encore qu'il forte de France,
Il ne s'éloigne point de vous.

L'Aftre puiffant qui vous affemble,
Vous fera toûjours viure enfemble,
Malgré le Sort & fa rigueur;

Par les loix d'une fainte flame,
Vous ferez toûjours dans fon cœur,
Comme il eft toûjours dans voftre Ame.

A LA VILLE DE ROME,

en faueur

DE MONSEIGNEVR

LE DVC

DE GVYSE.

STANCES.

MAISTRESSE des Citez, & le Chef de la Terre,
Solide fondement du Siege de Saint Pierre
Dont le nom glorieux vole de toutes pars;
Tu dois te réjoüir, superbe & sainte Rome,
  En receuant vn homme
Que nous tenons égal au premier des Cesars.

Sous tes Ordres Sacrez, ses illustres Ancestres
Des champs Idumeens se sont rendus les Maistres;
Comblans tout l'Orient de merueille & d'efroy.
Mais sans qu'il soit besoin d'en dire dauantage,
   A l'air de son visage
Tu reconnestras bien le sang de Godefroy.

Vn Astre fauorable a mis en sa personne
Les plus riches Tresors que la Nature donne
A ceux que ses bontez veulent fauoriser.
Et la rare abondance en est si peu commune,
   Qu'aujourd'huy la Fortune
Pour égaler ses dons se pourroit épuiser.

Ainsi que son Esprit, sa grace est sans pareille,
Toutes ses actions donnent de la merueille,
Il atire sur luy tous les yeux de la Cour.
Et lors qu'il fait agir ou ses yeux, ou sa bouche,
   Le cœur le plus farouche
Se treuue tout comblé de respect & d'amour.

Mais sa haute valeur est un nouueau Prodige
Qui brille auec éclat où la Gloire l'oblige
D'agir auec le fer pour l'immortalité.
Et s'il auoit en teste un des plus vaillans hommes
  De ceux que tu renommes,
Tout l'espoir de l'honneur seroit de son costé.

Sois luy donc fauorable, ô la Reyne des Villes,
Ren de ses ennemis les efforts inutiles,
Quelque couleur de droit qu'ils puissent exposer.
Selon nos justes vœux acorde sa requeste,
  Et remets sur sa teste
Les Biens que le malheur en a fait diuiser.

S'il arriuoit un jour que l'audace Othomane
Entreprit d'un effort sacrilege & profane,
D'ataquer tes Estats par la porte des flots,
Tu n'aurois pour en voir l'esperance trompée
  Qu'à benir une espée,
Et la mettre à la main de ce digne Heros.

O combien de Soldats dont la valeur égale
Celle de ces Guerriers qui dés champs de Pharsale,
Fit autrefois rougir l'émail confusement :
Combien de braues Chefs Amis de la Victoire
      Tiendroient à grande gloire
D'acourir aux perils sous son commandement.

Que la triste Candie en rompant ses entraues,
De ses nouueaux Tyrans verroit faire d'Esclaues
A l'abry glorieux de ses premiers Exploits !
Car auec plus d'honneur que l'Histoire ne chante
      Du combat de Lepante,
Il feroit triompher les armes de la Croix.

Facent les Cieux Amis qu'aussi bien que ses Peres,
Il treuue à ses desseins toutes choses prosperes,
Et n'entreprenne rien dont il ne vienne à bout.
Puis que toute l'Europe aussi bien que la France,
      Iuge auec aparance
Qu'vn Prince si bien fait est capable de tout.

LA GLOIRE,
A
MONSEIGNEVR
LE DVC
DE GVYSE.
STANCES.

VOVS que dés le Berceau mes apas enflamerent
Remplissans vostre sein d'vn desir glorieux,
Grand HEROS qui sçauez que vos Ayeux m'aymerent,
Et qui m'aymez sans doute autant que vos Ayeux.

HENRY, voicy le temps où Mars met en Campagne,
Pour voir des grands Guerriers exprimer la valeur:
Et c'est par vostre bras qu'on s'atend que l'Espagne
Auec confusion se plaindra du malheur.

Si toûjours voſtre cœur pour mes faueurs foûpire
Tournez vers les Eſtats que defend le Lyon,
Et venez prendre part au debris d'vn Empire
Qui ſera plus fameux que celuy d'Ilion.

Dés que voſtre valeur ſelon noſtre eſperance,
Laiſſant bien loin le Tybre abordera l'Eſcaut,
Vous auancerez tant pour l'honneur de la France
Que jamais vos Ayeux ne l'ont porté ſi haut.

Dans le ſoin d'honorer les Illuſtres perſonnes
Qui ſignalent leurs noms au milieu des hazars,
I'apreſte à voſtre front d'auſſi belles Couronnes
Qu'en ait jamais porté le premier des Ceſars.

Je ne ſeray jamais pleinement ſatisfaite
Qu'alors que vos Combats en mille lieux diuers,
M'obligeront encor d'emboucher la Trompete,
Dont je fay retentir les coins de l'Vniuers.

DE Mr TRISTAN.

Reuenez donc grand Prince, & dans vne auanture
Qui terniſſe l'honneur des Heros anciens,
Eſtalez à nos yeux ces dons de la Nature
Qui forcent la Fortune à vous offrir les ſiens.

Mais vn ſoûpir d'Elize, vne œillade mourante,
Vn ſoû-ris de ſa Bouche, vn fil de ſes cheueux,
S'en vont fortifier les ſouhais que j'enfante,
Puis que ce digne Objet forme les meſmes vœux.

De ce jaune Poiſon je ne ſuis point ſaiſie
Dont Amour ſçait tacher des Cœurs moins releuez,
Et vos ſoins tour à tour peuuent ſans jalouſie,
Nous rendre à toutes deux ce que vous nous deuez.

L'Enuie aux yeux perçans, à l'haleine infectée,
Et qui des beaux Objets ſe plaiſt à murmurer,
Obſeruant les vertus dont elle eſt concertée
Deuant ce grand éclat ne fait que ſoûpirer.

VERS HEROIQVES

❧❧❧

Aussi j'ay de la joye à loüer ma Riuale,
Pour mille qualitez je l'ayme auec raison.
A ce diuin Chef-d'œuure il n'est rien qui s'égale,
Et mesme le Soleil craint sa comparaison.

❧❧❧

Dans la Sainte retraite où depuis vostre absence,
Elle passe à l'écart des momens ennuyeux,
Quiconque la peut voir juge auec aparence
Qu'il se treuue icy bas des habitans des Cieux.

❧❧❧

L'Eclat de son beau teint qui rauit toute chose
Des Tresors du Printemps détruit la nouueauté,
Il fait pâlir le Lys, il fait rougir la Roze,
Et ceder l'vn & l'autre à sa viue beauté.

❧❧❧

Jamais elle ne sort que Zephir qui l'adore,
Et semble se resoudre en soûpirs amoureux,
N'abandonne le soin de l'Empire de Flore
Pour posseder l'honneur de baiser ses Cheueux.

N'aguere

DE. Mr TRISTAN.

Naguere en un Verger, des Nymphes Chasseresses
La prirent pour Diane & luy firent la Cour,
Jurant que ses beautez au debat des Deesses
Auroient osté la Pomme à la Mere d'Amour.

Vne fraîche Nayade en un Bassin superbe
Qui d'un large Parterre est le noble ornement,
Vn jour que sur ses bords elle résuoit sur l'herbe,
Fit auec un doux bruit le mesme jugement.

Il faut qu'un prompt retour, Grand Prince, nous assure
Que nulle autre Beauté n'ébranle vostre foy :
Elize vous en prie & je vous en conjure,
Ou reuenez pour elle, ou reuenez pour moy.

A S.A.
MADRIGAL.

PHENIX des Illustres personnes,
Grand Prince on atend ton retour
Pour t'offrir deux belles Couronnes
Que t'aprestent Mars & l'Amour.
Mais à ce retour aparent ;
Il faut bien que tu te disposes :
Car tu n'est pas indiferent
Pour les Lauriers, & pour les Roses.

POVR MONSEIGNEVR LE DVC DE GVYSE

Son Altesse allant auec la flote de France
au secours des Napolitains.

ODE.

SORTEZ de vos Grotes profondes,
Et venez joüer sur les Ondes
Vertes Diuinitez des Eaux.
Mais faites enchaîner la rage
De ces vents Peres de l'orage
Qui sont ennemis des Vaisseaux;
Pour donner vn libre passage
A des Argonautes nouueaux.

Parthenope qui les apelle,
Connoist bien la gloire immortelle
De leur adorable Iason,
Sans doute celuy de la Grece
Quelques Eloges qu'on luy dresse,
Ne pourroit auecque raison
Pour la valeur ny pour l'adresse,
Aller à sa comparaison.

Il n'est obserué de personne
Qui ne l'admire & ne s'étonne
D'y voir tant de faueurs des Cieux :
Et la belle Nymphe opressée,
Pour voir la tempeste cessée
De ses desordres furieux,
Ne pouuoit auoir de pensée
Pour vn Heros plus glorieux.

Raſſurez-vous belle Prouince ;
A la faueur de ce grand Prince
Vos cœurs ſeront bien-toſt contens,
Car ce nouueau Dieu de la Guerre
Eſt preſt à mettre pied à terre ;
Il va vous ſecourir à temps :
Et lancer des coups de tonnerre
Sur le reſte de vos Titans.

O que de Lauriers on moiſſonne
Auec cette digne Perſonne,
Tant ſur la Terre que ſur l'Eau !
Vn Dieu qui des choſes futures
Perce les nuits les plus obſcures,
Par vn priuilege nouueau,
De ces illuſtres auantures
Me fait voir vn riche Tableau.

Le Ciel qui se montre propice
Au sang qui demande Iustice
Fait reüssir tous ses efforts.
La Fortune qui l'acompagne
Le fait passer à la campagne
Dessus des montagnes de morts,
Et brûler les flotes d'Espagne
Dans ses Haures & dans ses Ports.

Sous ce Defenseur admirable
Le cours d'vn mal si déplorable,
Est à la veille de finir :
Et ses bontez si magnifiques
Apres ces miseres publiques
Pourront sans doute à l'auenir,
De toutes Grandeurs tyranniques
Faire abhorrer le souuenir.

CHEVALIER Amy de la Gloire,
Digne Prince à qui la victoire
Tant de Couronnes a promis;
Ce bruit va presser ton courage
De haster vn si beau voyage,
Et j'ay peur que s'il est remis
Nous te verrons pleurer de rage
De n'y treuuer plus d'ennemis.

SONNET.

PRINCE braue & charmant, qui parmy les Combas
Dois estre Couronné des mains de la Victoire ;
Sçache que le Destin m'a fait naistre icy bas
Pour estre à l'auenir le témoin de ta Gloire.

Le Ciel veut que par tout j'acompagne tes pas
Afin que mes Ecrits seruent à ton Histoire ;
Et peignent ses brillans auecque tant d'apas,
Que jamais on ne puisse en perdre la memoire.

Tu peux faire sans moy de grandes actions,
Mais sans la nouueauté de mes Inuentions,
Ton Nom pourroit vieillir par la suite de l'Age :

Et si les beaux Esprits t'estoient indiferans,
Rien ne témoigneroit l'excés de ton Courage,
Fors le cry des blessez & la voix des mourans.

A MONSIEVR LE COMTE DE SAINT AIGNAN.

STANCES.

AMY des *Armes & des Arts*
Dont le merite est tel qu'on ne s'en peut defendre,
Comte, braue à l'égal de *Mars*,
Et noble & genereux à l'égal d'*Alexandre*.

Comme ce Maistre des Humains
Pour qui toûjours le Sort eut tant de deferance,
Tu donnes tout à pleines mains
Et ne retiens pour toy que la seule esperance.

Par vn goust trop delicieux
Ta liberale humeur à toute heure s'employe,
C'est toucher au plaisir des *Dieux*,
Qui de faire du bien font leur vnique joye.

VERS HEROIQVES

❊❊❊

O que ta perſonne à d'apas!
Et qu'elle a de rayons d'vne grace immortelle!
Ie croy que l'on ne pourroit pas
Se former d'vn Heros vn plus parfait modelle.

❊❊❊

Quelle qualité me ſurprit
Qui pour ſon rare éclat doit eſtre la premiere?
Fut-ce ton cœur, où ton Eſprit?
Si l'vn eſt tout de feu l'autre eſt tout de lumiere.

❊❊❊

Soit en Guerrier ſoit en Amant
Tu peux executer de merueilleuſes choſes;
Et par tous deux également
Tu te voids couronné de Lauriers & de Roſes.

❊❊❊

Jcy dans vn Bois écarté
Où l'on treuue toûjours du frais & de l'ombrage,
Loin du bruit & de la clarté
Ie m'entretiens tout ſeul auec ta belle Image.

DE Mr TRISTAN.

Je luy fais mille complimens
Sur ta faueur presente & tes faueurs passées,
Ie luy dis tous mes sentimens,
Et la fais presider sur toutes mes pensées.

Il m'est auis qu'à son aspect,
Ie sens qu'vn feu diuin dans mes veines s'alume,
Il me semble que son respect
Conduit plus noblement tous les trais de ma plume.

Mais tandis que je parle à toy
Dans la tranquilité de cette solitude;
Tu semes l'horreur & l'effroy
Parmy les champs de Mars dont tu fais ton estude.

Superbe Demon des combas
Que suit le fer, la flame, & le pourpre, & la peste,
Marches toûjours deuant ses pas
Pour détourner de luy toute chose funeste.

A LVY-MESME.

SONNET.

IE veux du cours des ans preseruer ta memoire
Auant que le trépas m'enuoye au monument;
Heros qui te fais voir si jaloux de la Gloire,
Et la sçais posseder si legitimement.

Il faut bien que ma Muse à l'enuy de l'Histoire,
Fasse vn viuant Portrait d'vn Heros si charmant,
Dont l'esprit & le Cœur montrent si hautement
Qu'il est cher à Minerue & cher à la Victoire.

Illustrant ce Tableau des plus viues couleurs,
Ie te couronneray des Lauriers & des fleurs
Dont tu rens aujourd'huy la Terre parfumée :

Mais pourray-je acomplir ce que je te promets?
Ta liberalité nuit à ta renommée
Car ceux qui la sçauront ne me croiront jamais.

POVR MONSIEVR LE COMTE DE SAINT AIGNAN,

FAISANT FAIRE SON PORTRAIT par le Sieur Champagne.

STANCES.

COMTE, de qui Mars est jaloux,
La Peinture & la Poësie
Vont bien-tost pour l'amour de vous
Faire éclat de leur jalousie.

Vostre grace & vostre valeur
Vont bien-tost paroistre sans voile;
Peintes d'une viue couleur
Sur le papier & sur la toile.

❧❧❧

 On verra dans deux beaux Portraits
Voſtre viſage & voſtre vie.
Champagne & moy ferons des traits
Qui braueront ceux de l'Enuie.

❧❧❧

 Mais je crains que dans ce concert
De loüanges & de merueilles,
L'huile docte dont il ſe ſert
Terniſſe celle de mes veilles.

❧❧❧

 Quoy qui brille dans mes Ecris,
Sa façon de peindre eſt plus belle :
Ma plume doit ceder le prix
Au pinceau d'vn ſecond Apelle.

❧❧❧

 Sa peinture aura plus d'apas,
La mienne ſera plus groſſiere :
Mais mon Tableau ne craindra pas
Ny les Siecles ny la pouſſiere.

A LA FOTVNE,

Sur la Maladie de Monsieur le Comte
DE SAINT AIGNAN.
SONNET.

MONSTRE, Ennemy mortel de la haute Vertu
Qui par des lâchetez, qui sont assez connuës,
Laissant dessous tes pieds le merite abatu,
Portes l'indignité jusqu'au dessus des nuës.

FORTVNE, mon Heros a perdu la santé
Par vn reste caché de ta malice noire;
Et tu veux te vanger par cette cruauté
De ce qu'il t'éblouït par l'éclat de sa gloire.

Il braue trop aussi les dangers & la Mort,
Et selon qu'il te traite on s'étonneroit fort
Si tu luy conseruois vn sentiment plus tendre.

Le Superbe, il soû-rit lors que tu luy fais froid;
Et dans le vol hautain que l'honneur luy fait prendre
Si tu le caressois il te repousseroit.

A MONSIEVR LE COMTE DE SAINT AIGNAN SVR SA MALADIE.

STANCES.

ATTENDANT l'honneur de te voir,
Cher Comte il faut que je te die
Qu'on m'a mis dans le desespoir,
En m'aprenant ta maladie.

※※※

Ouy, ton mal me touche si fort,
Ie te le dis auec franchise,
Que j'irois courir à la mort
Si ma mort te seruoit de crise.

DE Mr TRISTAN.

Un feu subtil qui vient des Cieux
Est cause de toutes tes peines ;
Ce feu qui brille dans tes yeux,
Brûle bien souuent dans tes veines.

Ce grand feu dèseche ton Corps,
Et te rend le visage blême :
Lors qu'il n'agit point au dehors,
Il faut qu'il agisse en toy-mesme.

On doit en ce noble vaisseau
Conseruer cherement ton Ame,
En temperant auec de l'eau
L'ardeur d'une si viue flame.

Mais ce mal n'est pas vn Outil
A creuser vne sepulture ;
Et ta bile est vn sel subtil
Qui defend de la pourriture.

Ta perte ne doit de long-temps
Exciter nos cris & nos larmes;
Tu seras encor cinquante ans
L'apuy des Lettres & des Armes.

Ton Cœur n'a point à redouter
Que bien tost ta Carriere acheue,
Si ta fortune doit monter
Au point où ta gloire s'éleue.

Tu ne dois mourir, ce dit-on,
Qu'apres vingt conduites d'armées;
Apuyé dessus vn bâton,
Où des fleurs de Lys sont semées.

Ta sage modestie icy
Voudra tenir ma bouche close,
Et sur des couleurs de soucy,
Semera des couleurs de rose.

Je tais ces grandes qualitez,
De peur que cela t'embarasse,
Voyant de belles veritez
Ecrites de mauuaise grace.

Excuse en ces vers la longueur
D'vn Objet de la Medecine,
Que ta fiéure a mis en langueur,
Et qu'vn mal de Rate assassine.

STANCES,
Sur le mesme Sujet.

JE treuue vn sort bizarre au mal qui t'a surpris;
Tu deuois estre exempt d'vne telle infortune:
Ton front deuoit porter mille pierres de prix,
Lors que tu fus ateint d'vne pierre commune.

Cependant, Mars luy-mesme eut de semblables coups
Combatant comme toy d'vn courage heroïque;
On le veid renuersé sous le poids des cailloux,
Comme on te veid tomber sous le poids d'vne brique.

En ce mal douloureux tu dois te consoler
Par l'Objet de l'Honneur, dont ton Ame est charmée;
Puis que ces accidens se peuuent apeler
Des faueurs de la Gloire & de la Renommée.

Pour moy de qui les ans debilitent le corps ;
Ie sens de plus d'vn mal la grandeur qui m'aterre ;
Et comme tu te plains d'vne tuille au dehors,
Ie me plains au dedans de l'effort d'vne pierre.

Je sens dans le costé des marques d'vn absés :
Ma poitrine est toûjours d'vn asme soûleuée ;
Si j'auois vne amour & quelque grand procés,
Ie verrois de tout point ma fortune acheuée.

Mais parmy tous ces maux dont j'irrite le cours
Auec le noir chagrin dont mon humeur abonde ;
Ie suis assez heureux si tu m'aymes toûjours ;
Et j'opose ce bien à tous les maux du monde.

A MONSIEVR LE COMTE DE SAINT AIGNAN,
Sur sa guerison.
STANCES.

COMTE l'heure n'est pas venuë,
Où vos yeux d'vne obscure nuë
Se tiendront pour jamais fermez ;
Vous n'estes menacé d'aucun mauuais presage,
Et vostre guerison se lit sur le visage
De ceux que vous aymez.

Comme par fois dans vn Orage,
Qui met en peril de naufrage
Ceux qui se treuuent sur les flots.
Vn vent vient à regner contre toute aparance,
Qui sauue le Nauire & remet l'Esperance
Au cœur des Matelots.

Ainsi d'vne aymable surprise,
Vne heureuse & puissante crise
Dont les Cieux furent les Autheurs,
Quand nous estions pour vous en de grandes alarmes,
A fait cesser les cris, & fait tarir les larmes
De tous vos Seruiteurs.

La Nature en vous inuincible
A vaincu cette humeur nuisible,
Dont chacun fut épouuanté ;
Et selon ce progrés on a sujet de croire,
Que vous allez jouïr apres cette victoire
D'vne longue santé.

Mais pour vous la rendre asseurée,
Et voir aprocher sa durée
Du point que marquent nos souhaits ;
Benissez hautement le Ciel qui vous l'enuoye,
Et goustez tant soit peu de l'innocente joye
Qu'on treuue dans la Paix.

VERS HEROIQVES

❦

Assez de fois dans les Batailles,
Et deuant de fortes Murailles
Vous auez braué le trépas;
Et vers ces grands perils où la Gloire nous guide,
Iamais le plus vaillant & le plus intrepide,
N'a deuancé vos pas.

❦

Apres ces Roles heroïques
Ioüez sur des Scenes tragiques,
Où l'on s'expose à tous propos;
Allez reprendre haleine en quelque Solitude,
Et vous entretenir en l'agreable Estude
Que forme le Repos.

❦

Aujourd'huy que la Terre brûle,
Et que l'ardante Canicule
Remplit l'air de viues chaleurs:
Passez dans quelque Alée où le jour entre à peine,
Ou respirez le frais au bord d'vne Fontaine
Sur quelque lit de Fleurs.

Toutes choses sont passageres,
Et le Temps aux aîles legeres
Les precipite vers leur fin :
Nous voyons des Mortels les tristes Destinées
Et sçauons que le soir des plus belles journées,
Est pres de leur Matin.

VERS HEROIQVES

SVR VNE AVTRE INDISPOSITION de Monsieur le Comte DE SAINT AIGNAN. STANCES.

QVAND pourray-je rendre visite
A ce Comte dont le merite
M'a si doucement enchanté?
Il faut toûjours qu'il me souuienne
D'aprendre quelle est sa santé,
Pour sçauoir l'estat de la mienne.

C'est auec tant de sympathie
Que mon ame est assujetie
Au sort de ce digne Heros;
Que mesme dans la solitude
Ie ne puis treuuer de repos
Quand il est en inquietude.

Lors qu'une chaleur étrangere,
Tantost forte & tantost legere,
Rendoit son pouls immoderé ;
J'auois l'esprit dessus la léure,
Et mon sang estoit alteré
De la seule ardeur de sa fiéure.

Mon ame afligée ou rauie
De ce qui regarde sa vie,
En fait sa joye & ses douleurs ;
Et lors que l'Amour ou les Armes
Luy coustent du sang ou des pleurs,
J'en verse du sang ou des larmes.

Mais mon cœur ne se peut dédire
De soufrir cét aymable empire,
De tant de charmes adoucy ;
Celuy qui s'en pourroit defendre,
Auroit pû se defendre aussy,
D'aymer les Vertus d'Alexandre.

O qu'il a de graces brillantes,
Et de qualitez excellentes
Qui regnent en mon souuenir!
Sa main aux armes ocupée
Seroit capable de tenir
Vn Sceptre aussi bien qu'vne épée.

Si le Ciel qui sçait ma pensée
Rendoit ma priere exaucée,
On le metroit sur les Autels :
Et la Fortune qui se jouë
De l'estat de tous les Mortels,
L'assieroit au haut de sa Rouë.

A MADAME
MARTEL,

Sur l'heureux Mariage de Mesdames ses Filles, l'vne
auec Monsieur de la Salle, Capitaine aux Gardes:
Et l'autre auec Monsieur de Guenegault
Tresorier de l'Espargne.

AVEC ces prudentes clartez,
Qu'on imite aux sages Familles,
Vous auez placé vos deux filles
Dans vn Ciel de felicitez,
En vne haute & noble Sphere,
L'vn & l'autre Astre nous éclaire
Par vostre digne élection;
Et fait paroistre sa puissance,
L'vn au signe de la Balance,
Et l'autre au signe du Lyon.

A MADAME DE BEAUVAIS,

Premiere Femme de Chambre de la Reyne Regente, pour vn bon Office dont elle honora l'Autheur prés de sa Majesté.

STANCES.

L'ART dont vous obligez est vn art souuerain,
Où la franchise éclate auec beaucoup de gloire,
Et mes ressentimens le grauent sur l'airain,
Afin d'en conseruer à jamais la memoire.

Je conçois vne peur qui me met en couroux,
Emeu par la bonté d'vn trait si peu vulgaire,
C'est que selon les vœux que je feray pour vous,
Vostre plus grand bon-heur ne me contente guere.

Mais pour mesure au moins, de vos prosperitez,
Si vous n'obtenez pas ce que je vous desire;
Ayez autant de bien que vous en meritez,
Et vous en aurez plus que je n'en sçaurois dire.

POVR
MADEMOISELLE,

Presentant des Armes au Roy en vn Ballet.

STANCES.

RECEVEZ ces Armes fatales,
Roy dont les vertus sans égales
Font juger l'estre plus qu'humain:
Leur acier n'est pas inutile,
C'est vn chef-d'œuure de la main
Qui forgea le harnois d'Achille.

Lors que vous mettrez en pratique
Ou cette épée ou cette pique,
Mars mesme fuyra deuant vous ;
Et comme si c'estoit la foudre,
Les moins redoutez de vos coups
Mettront des Colosses en poudre.

Par tout où vous les ferez luire,
Les Destins qui n'osent vous nuire
Feront écarter le malheur ;
Et vous acroistrez cette gloire,
Dont les traits de vostre Valeur
Ont si fort enrichy l'Histoire.

A
MADEMOISELLE *
Sur son voyage de Pologne.
STANCES.

POVR rabatre la vanité
   Dont l'éclat de vostre beauté
Donne de l'enflure à vostre Ame :
Sçachez que la rigueur des Cieux
Se veut oposer à la flame
Qu'allument par tout vos beaux yeux.

   Amour que vostre jeune orgueil
Menace de mettre au Cercueil,
Contre vous la froidure irrite :
Et pour rire du chastiment
Que vostre cruauté merite
N'attend que vostre partement.

VERS HEROIQVES

L'Air en cette triste saison,
Froid à vostre comparaison,
Fera comme vous peu de grace:
Et d'vne inflexible rigueur
Mettra par tout autant de glace
Qu'il s'en treuue dans vostre Cœur.

L'Hyuer regnant de tous costez,
Luy pour qui les tendres beautez,
N'ont pas le moindre priuilege;
Comme par vn jaloux dessein,
Fera cacher deuant sa neige,
La neige de vostre beau sein.

Que deuiendra sur le chemin
Ce blanc & delicat Iasmin
Qui compose vostre visage?
Le grand froid ennemy des Fleurs,
D'vne trop insolente rage
En fera ternir les couleurs.

DE Mr TRISTAN.

Vos yeux enflez & languiſſans,
N'ayans plus ces foudres puiſſans
Dont leur viue lumiere éclate :
Languiront comme le Soleil
Qui ſortant d'vn lict d'écarlate,
Eſt encor tout gros de ſommeil.

Voſtre bouche encor ſouffrira ;
Car vn gris de lin couurira
L'éclat de ſes Roſes vermeilles :
Et pour tous amoureux ſoûpirs,
Vous n'entendrez à vos oreilles
Que les fiers parens des Zephirs.

Où ſeront alors ces apas
Honorez de tant de trépas,
Et ſuperbes de tant d'hommages ?
Voſtre Eſprit en eſt ſuſpendu :
Et meſme en voyant ces images,
Vous pleurez d'auoir tout perdu.

VERS HEROIQVES

C'est assez : essuyez ces pleurs
Dont vous plaignez vos belles Fleurs,
Et vos deux brillantes Estoilles :
Quoy que le jour leur puisse oster,
Au moins chaque soir dans les poiles
On les verra ressusciter.

Mais quand vous serez de séjour,
Vos yeux en vne auguste Cour
Reprenans toute leur puissance ;
Sur tout ce qui viendra s'offrir,
Prendront vne étrange vengeance
Des maux qu'ils auront pû souffrir.

Vous verrez deuant vos beaux yeux
Cent Polonois victorieux,
Que vous reduirez à la chaîne :
Et qui vous protesteront tous
Qu'aupres de vostre belle Reyne,
Il n'est rien de plus beau que vous.

LA BELLE GVEVSE
MADRIGAL.

Que d'apas en ce visage
Plein de jeunesse & de beauté,
Qui semblent trahir son langage,
Et dementir sa pauureté !

Ce rare honneur des Orphelines
Couuert de ces mauuais habits,
Nous découure des perles fines
Dans vne boëste de rubis.

Ses yeux sont des saphirs qui brillent,
Et ses cheueux qui s'éparpillent,
Font montre d'vn riche tresor :

A quoy bon sa triste requeste,
Si pour faire pleuuoir de l'or
Elle n'a qu'à baisser la teste.

LE CODICILLE DE DU PORT

EPIGRAMME.

DU PORT à l'aimer me conuie,
Et proteste assez hautement,
Que pour prendre soin de ma vie,
Il m'a mis dans son Testament.

Mais je me treuue sur mon liure
Plus vieux de quinze ans que du Port.
O! que j'auray de bien pour viure
Quinze ou vingt ans apres ma mort!

SVR LA CHRONOLOGIE DE MONSIEVR DE LA PEYRE

EPIGRAMME.

LA PEYRE voulant remonter
De ce temps jusqu'au premier Age ;
N'a point d'Autheur à nous citer
Qui vaille son seul témoignage :
Les bonnes mœurs, la pieté
Et l'amour de la verité
Ioints à la science profonde,
L'honneur & la franchise encor
Le font passer à tout le Monde
Pour vn homme du siecle d'Or.

CONTRE LA IALOVSIE

STANCES.

SE deffera t'on point vn jour
De ce mal de la fantaisie ;
De ce Monstre Ennemy d'Amour,
Que l'on apelle jalousie ?

※

Sans cette peste des plaisirs,
Qui tient toûjours l'esprit en peine ;
Le beau sujet de mes desirs
Viendroit voir les bords de la Seyne.

※

Au lieu qu'il ne chante par fois
Que dans d'étroites galeries ;
Il pourroit de sa belle voix
Toucher l'Echo des Tuilleries.

DE Mr TRISTAN.

Mais nous ne verrons point encor
Parestre icy cette Merueille,
De mesme que les pommes d'or,
Elle a son Dragon qui la veille.

Ce Ialoux vrayment furieux:
Qu'vne aueugle rage possede;
Voudroit que luy seul eust des yeux,
Ou que la Belle deuint laide.

Il est pres d'elle incessamment,
Il la tient toûjours par la robe,
La nuit il l'embrasse en dormant,
De crainte qu'elle se dérobe.

Comme son indiscrete amour
Le tient toûjours dans la furie;
I'ay peur qu'il ne l'étoufe vn jour
Dans quelque étrange réuerie.

CHANSON.

INGRATE qui veux que je meure;
Il faut contenter ton desir,
Pour te faire plaisir
Ie mourray tout à l'heure.

Cruelle, tu n'as point à craindre
Le bruit que fera mon trépas;
Pour ne t'offenser pas,
I'expire sans me plaindre.

Non, le mal qui chasse mon Ame
Ne te fera jamais de tort:
Ceux qui sçauront ma mort,
Ne sçauront point ma flame.

DE Mr TRISTAN.

Au moment que je perds la vie,
Le bien me paroist assez grand
De pouuoir en mourant,
Contenter ton enuie.

L'AVEVGLE AMOVREVX.

STANCES.

NOVVELLE image du Printems,
Ieune Astre qui de mes vieux ans
Echaufez aujourd'huy la glace.
O que les autres sont heureux
De voir des beautez, dont la grace
Rend les Aueugles Amoureux!

※

Estant incapable de voir,
Comment ay-je peu receuoir
L'image de tant de merueilles?
Mais, ô beau Chef-d'œuure des Cieux,
Elle a passé par mes oreilles,
Ne pouuant passer par mes yeux.

Je fus pris d'étrange façon;
Par le doux office du son
A moitié je me laissay prendre:
Et ce que le son de la voix
Fut incapable de m'aprendre,
Ie l'apris auecque mes doits.

Admirez de quelle chaleur
Pour chercher mon propre malheur
A vous connoistre je trauaille:
Car je ne treuue qu'à tâtons
Ny la grandeur de vostre taille,
Ny la rondeur de vos tetons.

Mais puis que la felicité
D'obseruer mieux vostre beauté,
Pour de meilleurs yeux se reserue:
Ne craignez point de m'aprocher,
Et souffrez que je vous obserue
Auecque le sens du toucher.

SUR UN REGARD REFUSÉ.

MADRIGAL.

PVIS qu'Amour a vuidé sa trousse
A tirer des traits sur mon cœur,
C'est en vain qu'Iris fait la douce,
Ou me traite auecque rigueur.
Sous cét Empire je n'ay garde
De me garentir du trépas;
Ie suis mort soit qu'on me regarde,
Soit qu'on ne me regarde pas.

POVR VN TABLEAV D'VN AMOVR,

Qui s'arache les aîles, ayant sous ses pieds
les marques des Arts liberaux.

MADRIGAL.

QVELLES violences cruelles
Font qu'Amour brise tous ses dards;
Et s'arache toutes les aîles
Sur les Armes & sur les Arts?
Helas! s'il pleure & s'il soûpire
Le Sujet le merite bien.
L'Interest prend un tel Empire,
Que celuy d'Amour n'est plus rien.

VERS HEROIQVES

POVR MONSIEVR LE COMTE DE SAINT AIGNAN,

Representant vn Maiftre de Mufique en vn Ballet.

MADRIGAL.

DIGNE Chef-d'œuure en qui les Cieux
Ont affemblé tant de Merueilles,
Que j'aurois enchanté d'oreilles
Sans le mal que m'ont fait vos yeux!
Ie fuis fort fçauant en Mufique,
Ie fçay méler la Cromatique
A des chants pleins de nouueauté :
Mais, ô trop charmante Vranie!
Le Concert de voftre beauté
Trouble toute mon armonie.

FRANÇOIS DE BEAUVILLIER COMTE DE SAINCT AIGNAN

Mars et les Filles de Memoire
De tant de faueurs l'ont doüé
Que rien ne conduit à la Gloire
Dont il ne puiße estre loüé.

1645   Daret sculpsit

LES TERREVRS NOCTVRNES,

Ecrites pour le diuertissemēt d'vne grande Princesse, sur le sujet de quelques voyages perilleux que l'Autheur auoit faits pour son seruice.

ODE.

IE pourrois sans vanité
Faire valoir cette adresse,
Et cette fidelité
Dont j'ay seruy ma maistresse.
Elle a mille apas charmans
Que tout l'Vniuers admire;
Dont j'ay dit mes sentimens
Pour acroistre son Empire,
Sans redouter le martyre
Qu'on prepare à ses Amans.

VERS HEROIQVES

J'ay détrompé des Esprits
Qui d'vn raport infidelle
N'auoient guere bien apris
Les vertus qui sont en elle.
En exprimant ses bontez,
Et ses graces infinies,
J'ay changé leurs volontez,
Et fait blâmer les Genies
Qui de noires calomnies
Déguisent ses qualitez.

Protecteurs des innocens
Tesmoins de cét artifice;
Si vous n'estes impuissans,
Punissez cette injustice.
Grands Dieux, on aigrit son cœur
Auec tant de violence
Que si sans plus de longueur
Vous n'en faites la vengeance,
On tiendra vostre indulgence,
Pour vne extréme rigueur.

C'est à vous qu'elle à recours.
Prestez luy vostre tonnerre;
Ou faites pour son secours
Reuolter toute la Terre.
Terminez ces differens
Par des decrets inuincibles:
Vous voyez dessus les rangs
Des Diuinitez visibles,
Vous seriez bien insensibles
D'abandonner vos Parens.

Mais j'éuante le secret.
Ie craindrois que le Zephyre
S'il estoit plus indiscret,
Ne s'enuolast le redire.
Car l'Esprit que je dessers,
Se rend les Demons dociles;
Il tient par tout dans les airs
Des sentinelles subtiles:
Il en a dedans les Villes,
Il en a dans les Deserts.

VERS HEROIQVES

Le Soleil se va perdant;
La splendeur dont il éclate,
Peint là bas dans l'Occident
Vn grand fleuue d'écarlate.
Le jour est prest à finir.
Déja mon ame est saisie
En voyant la nuit venir,
De cette paralysie
Qui trouble ma fantaisie,
Et confond mon souuenir.

O Cieux ! quel fâcheux arest ?
Quel calice faut-il boire
De passer vne Forest
Durant vne nuit si noire ?
Ie ne puis me réjouïr
Eussay-je acquis des Royaumes.
Sans rien voir, sans rien ouïr,
Sans treuuer que des Atomes,
Ie vay voir mille fantômes
A me faire éuanoüir.

DE Mr TRISTAN.

Il a plû sur ces Ormeaux;
En entrant dans ce Bocage
Ie rencontre des rameaux
Qui m'aspergent le visage.
Mais cette incommodité
Ne me tiendroit guere en peine;
Si je sçauois le costé
Qu'il faut icy que je preine:
Quand treuueray-je la plaine
Si je me suis écarté ?

Par vn triste changement
Que produisent les tenebres;
Les Bois & les Elemens
Ont pris des habits funebres.
Ie suis comme dans vn four;
Que la nuit est peu seraine:
Pleust aux bons Dieux qu'il fit jour,
Et que je fusse en Lorraine
Deussay-je y viure en la peine
D'y mourir bien tost d'amour.

VERS HEROIQVES

Vne ronce m'a piqué,
Sous mes pas la terre tremble,
Et mon cheual a manqué
Des quatre pieds tout ensemble.
Nous voila tout embourbez,
En vne mare inuisible:
Mes pistolets sont tombez,
Par cette cheute terrible:
Et quelque lutin possible
Me les aura dérobez.

Toutesfois nous les auons
Le bassinet sans amorce;
Remontons & nous sauuons
Si nous en auons la force.
Rien ne paroist à nos yeux
Que la flame du tonnerre;
Et ces vers officieux,
Ces petits serpens de verre,
Ces petits feux dont la Terre
Se pare à l'enuy des Cieux.

Mon cheual craint de passer;
De peur, il ronfle & s'arreste.
Des pieds il n'ose presser
Les traces de quelque beste.
Donnons luy des esperons
Pour chasser ce qui l'effroye;
Faisons du bruit & jurons
En passant par cette voye;
Ou bien nous serons la proye,
Des Loups de ces enuirons.

Des Hyboux chantent là bas.
C'est fait, il faut que je meure:
Sans doute de mon trépas
Ils viennent m'anoncer l'heure.
O passage dangereux!
Destournez Dieux debonnaires
Les presages malheureux
De ces monstres solitaires;
Et ne soyez point contraires
Aux desseins d'vn Amoureux.

VERS HEROIQVES

Mes vœux n'ont point merité
Que voſtre courroux m'oprime.
I'ayme auec fidelité,
Et c'eſt là mon plus grand crime.
Mais quoy ? s'il faut reformer
Vne ardeur ſi raiſonnable ;
Si vous defendez d'aymer
Ce qui paroiſt fort aymable,
Ie ſuis bien le plus coupable
Que vous puiſſiez abyſmer.

Cieux, ayez pitié de moy.
Ie ſuis dans vne Onde noire,
Et je treuue que j'en boy
Plus que je n'en voudrois boire.
Princeſſe . . . .
A bon droit je me deſole ;
Ie ne verray plus ta Cour
Où l'honneur tient ſon Echole ;
Ie ne verray plus Marole,
Ny Chaté, ny Vernancour.

DE Mr TRISTAN.

Courage, cela n'est rien;
Nous aurons encor un terme.
Mon Coureur nage assez bien
Pour gagner la terre ferme.
Il va déja sans nager;
Pressant une mole arene;
Nous voila hors de danger
Et pourrions reprendre haleine,
Si dans la maison prochaine
Nous trouuions dequoy manger.

Hola ! tout le monde dort,
Et l'ame en songe rauie,
Preuoyant que je suis mort,
Prend peu de soin de ma vie.
Hola ! trois & quatre fois,
Hola ! les Valets d'estable.
Ie n'enten que les abois
D'vn matin mal acostable,
Qui d'vn air peu charitable
Répond au son de ma voix.

VERS HEROIQVES

Paſſons ; l'air tout éclaircy
Découure à plein toutes choſes ;
Et pour chaſſer mon ſoucy,
L'Aurore épanche ſes roſes.
Ie t'atens auec ardeur
Clarté qui r'aſſures l'ame ;
Et deteſtant la noirceur
D'vne nuit digne de blame,
Ie benis ta belle flame
Comme celle de mon cœur.

Voicy la belle Maiſon
De cét homme incomparable,
Qui d'heureux, veut par raiſon
Riſquer d'eſtre miſerable.
Cauſons ſon premier réueil
Ouurez. On me vient d'entendre ;
Ouurez ſans tant d'apareil ;
Penſe-ton me faire atendre ?
Ie ne puis plus me defendre
De la faim, ny du ſommeil.

O braue & charmant Hylas!
Qu'on me donne en diligence
Des œufs frais, vn matelas,
Et trois heures de silence.
Soulage vn peu mes trauaux
Par vn secours si celeste:
Et fay seller des cheuaux
Sans craindre rien de funeste;
Hylas ! je n'ay pas la peste,
Mais j'ay cent fois plus de maux.

VERS HEROIQVES

PAROLES
POVR CHANTER.

MES yeux preparez-vous à faire des Miracles;
Les soins de nostre amour vont frāchir les obstacles
   Qui jusqu'à maintenant nous ont tant fait soufrir.
Mes yeux apres tant de suplices,
    Vous n'aurez plus qu'à vous ouurir
    Pour ressusciter mes delices
   Que l'absence auoit fait mourir.

   Rauis au doux objet de mille belles choses,
   Nous reuerrons vn teint fait de lys & de roses
   Que jamais les Hyuers n'empeschent de fleurir.
Mes yeux apres tant de suplices, &c.

   Dans ce desir ardent tout delay m'importune:
   Ie ne changerois pas cette bonne fortune
   Au sceptre le plus beau qu'on me voudroit offrir.
Mes yeux apres tant de suplices,
    Vous n'aurez plus qu'à vous ouurir
    Pour ressusciter mes delices
   Que l'abscence auoit fait mourir.

A MADAME LA DUCHESSE E GUYSE,

Sur l'arriuée de Monseigneur son Fils à Naples.

SONNET.

ENCOR qu'vn simple Esquif ait porté Monseigneur
Par ce changeant Theatre où l'horreur se promeine,
L'effort des Ennemis & de la Mer hautaine
N'a fait en ce peril qu'éprouuer son grand cœur.

O vous, qui professez auecque tant d'honneur,
La sagesse diuine & la sagesse humaine
Vos vœux sont exaucez, ne soyez plus en peine
Vostre Fils est sauué par vn rare bon-heur.

Naples qui l'a receu le contemple & l'admire
Elle estime sa barque à l'égal du Nauire
Qui porta de Iason le butin precieux.

Mais, ô digne Princesse en vertu sans pareille,
La puissante faueur que vous auez aux Cieux
De cét heureux succez amoindrit la merueille.

VERS HEROIQVES

A LA MESME
PRINCESSE
SONNET.

PRINCESSE merueilleuse, Exemple de sagesse,
Vous qui discernez tout & voyez de si loin:
La Vertu vous exhorte & la Raison vous presse
D'assister vostre Fils dans vn si grand besoin.

La Fortune aujourd'huy le flate & le caresse,
Tout vn Royaume en est le fidele témoin;
Et quoy qu'on puisse dire il faut que l'on confesse
Que sa prosperité depend de vostre soin.

Donnez luy les secours dont il vous solicite:
Vostre honneur, vostre sang, sa gloire & son merite
Ne peuuent en repos laisser vostre Bonté.

S'il ressent les effets d'vne amitié si tendre,
Apres les dignes fruits de vostre Pieté,
C'est le plus digne fruit que vous puissiez atendre.

SONNET.

CE Heros tout brillant de grace & de valeur
A qui j'ay consacré mes dernieres années;
Ce bel Astre a percé les ombres du malheur,
Et comme un Dieu luy-mesme il fait ses destinées.

Depuis ce grand peril où l'on le vid resoudre
A brauer l'Espagnol, & les ondes & l'air,
Apres auoir sur l'Eau passé pour un éclair,
Maintenant sur la Terre il passe pour un Foudre.

Mais j'apren de trop loing l'honneur de ses combas,
A l'ombre des lauriers je veux suiure ses pas,
Il faut que j'en aproche, il faut que je le voye.

O Puissances du Ciel qui gouuernez mon sort,
Quand je deurois mourir de cét excez de joye,
Ne me differez point le terme de ma mort.

VERS HEROIQUES

SVR LA MAVVAISE HVMEVR d'vne belle Dame, à qui l'Autheur auoit donné vn Liure de Vers, qui porte le Titre de ses Amours.

MADRIGAL.

D'OV vient qu'on prend ainsi pour moy
Cette humeur si froide & si fiere?
I'ay beau le chercher en ma foy,
Ie n'en treuue point la matiere,
C'est vn injuste traitement.
Mais de ce cruel changement
Il ne faut pas que tu t'estonnes:
L'Astre qui gouuerne tes jours,
Change ainsi toutes les personnes
A qui tu donnes tes Amours.

SUR LE TREPAS DE LOUIS LE IUSTE, XIII.e du Nom.

L'INSOLENTE rigueur des Parques
N'a point éteint ce vaillant Roy,
Dont les plus superbes Monarques
Receuoient naguere la Loy :
De tes pleurs referme la bonde
Passant qui plains son triste sort,
La plus digne Reyne du Monde
Nous fait croire qu'il n'est pas mort :
Car ce beau Sujet de sa flame
Le porte viuant dans son Ame.

PROSOPOPEE
DV MESME ROY
Sur son Tombeau.

PASSANT pour exprimer ma Gloire
Ce marbre n'a rien d'assez beau,
Mon nom éclate dans l'Histoire
Beaucoup plus que sur ce Tombeau;
I'ay porté dignement le titre,
D'Apuy, de Vainqueur ou d'Arbitre
De tous les plus superbes Rois,
Auec la Balance & la Foudre,
I'aurois tout reduit sous mes loix:
Mais la Mort m'a reduit en poudre.

A MADAME LA DVCHESSE DE CHAVNE,

Sur le Trépas de Monsieur le Marquis

DE RENEVAL SON FILS.

STANCES.

ENCOR que vos ennuis soient sans comparaison,
On n'y peut aporter qu'vn secours inutile ;
Vous pleurez vostre Fils auec plus de raison
Que la belle Thetis ne pleura son Achille.

VERS HEROIQVES

Ce genereux Garçon que l'on porte au cercueil,
Et qui par ses vertus vos déplaisirs irrite,
Pourroit vous défier d'en faire assez de dueil,
S'il falloit que le dueil égalast son merite.

Pour vouloir adoucir cette extréme douleur,
Les plus sages discours sont tels qu'vne Chimere:
Car mille Objets d'Esprit, de grace & de valeur
Vous font voir cét Enfant & vous nomment sa Mere.

C'est en vain qu'on voudroit dans ces ressentimens
Sur vn trait si cuisant vous offrir du dictame;
Pourroit-on mieux treuuer qu'en vos raisonnemens
Le baume qui s'aplique aux blessures de l'Ame?

D'vn feu vif & subtil vostre Esprit éclairé
Void à plain l'auenir par les choses passées;
Et ce que nos Ecrits ont de plus épuré
Peut à peine égaler vos premieres pensées.

Mais vous abandonnant à de tristes transports
Qu'excitent en vos sens des douleurs si pressantes,
Gardez bien d'outrager pour faire honneur aux Morts,
Ce que vostre merite a de graces viuantes.

Vos yeux assez long temps ont répandu des pleurs
Pour en faire cesser l'impetueux rauage;
Ce ne sont pas des Eaux à conseruer les fleurs
Que la Nature a mis en vostre beau visage.

Par vne auguste Loy que l'on doit reuerer,
On peut bien s'émouuoir sur vne perte extréme,
Il n'est pas defendu de plaindre & de pleurer:
Mais il n'est pas permis de se perdre soy-mesme.

VERS HEROIQVES

A MONSEIGNEVR LE CHANCELIER,

Sur la Mort de Monsieur le Comte de Laual son gendre.

SONNET.

DIGNE apuy de Themis, Ministre incomparable
Qui d'vn soin vigilant tiens les loix en vigueur;
Cette ateinte funeste ébranleroit ton cœur,
Si ton Cœur n'estoit point vn Cube inébranlable.

Tu plains auec Iustice vn Heros admirable
Pour la grace éclatante & la haute valeur;
Et quand tu pâmerois d'vn excés de douleur,
L'excés de ta douleur seroit fort excusable.

Mais bien que la Raison t'ordonne de pleurer;
Garde que ta santé vienne à s'en alterer,
Et t'empêche d'agir où l'Estat te conuie.

Tes prudentes clartez, éclairans son Conseil,
Il ne t'est pas permis d'abreger vne vie
Qui nous est necessaire autant que le Soleil.

Sur le Trépas de Monsieur
LE CHEVALIER DE BVEIL,
Et l'afliction qu'en a receu Madame la Comtesse de Moret sa Sœur.

SONNET.

LA Mort au pâle teint, ce Monstre inexorable
Qui répandant par tout des matieres de pleurs,
Fauche les plus beaux jours comme on fauche les fleurs,
Vient d'ateindre vne fleur d'vn prix inestimable.

Elle a mis au cercueil vn Heros admirable,
La gloire de Bellonne & l'honneur des neuf Sœurs:
Vn noble Chevalier qui fut incomparable
Entre les grands Esprits, comme entre les grands Cœurs.

O que je plains sa Sœur ! je crains que sa constance
Pour ces grands déplaisirs ait peu de resistance;
Et que cette douleur l'envoye au monument.

Cette Ame toutefois de grandeur peu commune
En d'autres accidens a fait voir clairement
Qu'elle est inviolable aux coups de la Fortune.

Sur le Trépas de Monsieur
DE BEAVMONT,
Qui mourut au Siege de Dole.
SONNET.

LE Genereux Beaumont est dans le Monument,
Et la France en témoigne vn regret legitime :
Il en fut en sa vie vn aymable ornement,
Il en fut en sa mort vne Illustre Victime.

En vn Siege fameux par nostre mauuais Sort,
La Fortune trahit sa belle Destinée ;
Et laissa lâchement la Vertu sans suport,
Qui comme entre ses bras s'estoit abandonnée.

Du haut d'vne Muraille où l'on le vid monter,
Du costé de la Ville il osa se jetter
Pour joindre l'Ennemy qui ne l'osoit atendre.

Il mourut sans secours, mais non pas sans honneur,
Il fut imitateur d'vn acte d'Alexandre,
Il en eut le courage & non pas le bon-heur.

Sur la Mort de Monsieur LE MARQVIS DE PISANI.
SONNET.

ILLVSTRE & noble sang de France & d'Italie,
PISANI dont le nom brille si clairement,
Encore que ton corps soit dans le monument,
Ta gloire auec tes os n'est point enseuelie.

Par le soin des neuf Sœurs ton ame fut polie,
Leurs graces éclatoient en ton raisonnement,
Et tu portois par tout le titre hautement,
De frere genereux de la chaste Iulie.

En cét heureux estat tu ne souhaitois rien
Que mourir en seruant cét inuincible ENGVIEN,
Dont la fatale épée a foudroyé l'Empire.

Tu mourus le suiuant sous des lauriers épais,
Qu'est-ce qu'en vn Destin l'on peut treuuer à dire
Dont vn Heros si sage a formé les souhais ?

VERS HEROIQVES

PROSOPOPE'E
de Monsieur le Maréchal
DE GASSION
SONNET.

FORMÉ d'vn noble sang, pour illustrer ma Race,
Ie nâquis sous vn Astre influant la valeur,
Et dés mon plus bas âge endossant la cuirace
Pour acquerir du bruit j'afrontay le malheur.

J'allay de tous costez suiure Mars à la trace,
Sans redouter la faim, le froid, ny la chaleur,
Et signalay mon front de cette belle audace
Où jamais le peril n'a semé la pâleur.

Apres auoir eu part au gain de trois Batailles,
Rompu cent Escadrons, échellé cent Murailles,
Et n'auoir rien tenté sans beaucoup de bon-heur.

Je meurs; mais c'est pour viure à jamais dans l'Histoire,
Puis que l'on ne m'a veu tomber au lit d'honneur,
Qu'apres mon ariuée au Temple de la Gloire.

POUR MADAME DE C.
Sur la Mort de son Mary.

SONNET.

AGREABLE fantôme errant en ma memoire,
Complice ingenieux de mes afflictions,
Montre moy les apas & les perfections
De la chaste Moitié qui fut toute ma gloire.

Entretien moy toûjours dans vne humeur si noire
Que mon ennuy réponde à mes affections :
Dépein moy ses propos, comme ses actions,
Et me dy de sa mort la pitoyable Histoire.

Aymable souuenir de ma felicité,
Ie vay par ta faueur passer en pieté,
Ce Miroir de vertu dont l'Egypte se vante.

Le sein de cette Reyne auec vn peu d'éfort,
A son Mary defunt seruit d'Vrne viuante,
Et je porte en mon Cœur le mien viuant & mort.

TOMBEAV D'ALEXANDRE LE GRAND.

CELVY de qui la gloire est par tout épanduë,
Du Destin des Mortels épreuue la rigueur;
La Terre pour son Cœur eust trop peu d'étenduë,
Et six pieds pour son Corps n'ont que trop de longueur.

PROSOPOPE'E D'VN AMANT, mal traité de sa Maistresse.

MADRIGAL.

TANT que je fus viuant rien ne me fut si cher
Qu'vn Objet insensible à l'égal d'vn Rocher,
Dont l'extréme rigueur me fit toûjours la guerre :
Vn marbre enfin me couure estant entre les morts.
O Cieux ! pourquoy faut-il que toûjours quelque pierre
Soit dans mon cœur ou sur mon corps ?

TOMBEAV
D'VN YVRONGNE
de Qualité.

ICY gist vn beuueur dont l'ame estoit rauie
Lors qu'il se remplissoit de vin vieux ou nouueau:
Ie croy qu'il n'auroit point de regret à sa vie,
Si quelques muids en perce estoient en son Caueau.

TOMBEAV D'VN PRODIGVE.
EPIGRAMME.

ICY gist vn Prodigue, vn sot enflé d'orgueil,
Qui fit plus de pitié qu'il n'auoit fait d'enuie:
Il se laissa manger tout le temps de sa vie,
Et se laisse manger jusques dans le Cercueil.

PROSOPOPE'E D'VN COVRTISAN

EBLOVY de l'éclat de la splendeur mondaine
Ie me flatay toûjours d'vne esperance vaine,
Faisant le chien couchant aupres d'vn grand Seigneur
Ie me vis toûjours pauure & tâchay de pareſtre,
Ie vêquis dans la peine atendant le bon-heur,
Et mourus sur vn cofre en atendant mon Maistre.

POVR VN IALOVX d'vne Belle Femme.

EPIGRAMME.

IALOVX du bel Objet dont je suis amoureux,
En vain ta vigilance à le guetter s'atache:
Argus auec cent yeux ne sceut garder sa Vache;
Crois-tu garder ta femme & tu n'en as que deux?

POVR VN PARASITE

CE Pedant Parasite au visage égaré,
Veut qu'on serue sur table à mesme temps qu'il entre,
Et tout ce qu'il auale est plûtost digeré
Que s'il auoit cent loups enragez dans le ventre.
La faim dans ses boyaux murmure incessamment,
On ne pourroit treuuer vn Monstre plus gourmand,
Quand on le chercheroit de l'vn à l'autre Pole ;
Bref il est transporté d'vn desir si glouton,
Qu'il mordit vne fois vn Passant à l'épaule
A cause qu'il sentoit l'épaule de Mouton.

PROSOPOPE'E
D'VNE FEMME,
Assassinée par son Mary Ialoux.

EPIGRAMME.

LE poignard d'vn Ialoux dans ma gorge fut mis
Pour ce qu'à ses Amis je faisois bon visage ;
Ah ! le cruel qu'il est, qu'eust-il fait dauantage
S'il m'eust treuuée en faute auec ses Ennemis ?

D'VN IOVEVR
MALHEVREVX.

MADRIGAL

EN cherchant des trois dez le sort auantureux,
Ie n'ay jamais treuué que des points malheureux,
Où les autres faisoient des rencontres prosperes ;
Ie tien puis qu'il est vray que les dez sont faits d'os,
Qu'on ne m'a fait joüer que des os de mes Peres,
Et que je fus puny de troubler leur repos.

PROSOPOPEE
D'VN HOMME,

Qui mourut d'vne fiéure tierce,
pour auoir vsé d'vne poudre
d'vn Empyrique.

MADRIGAL.

Ie ferois encore viuant
N'estoit vn Medecin sçauant
Que je fis venir à mon ayde :
La peste étoufe l'animal.
Ie ne suis pas mort de mon mal,
Mais je suis mort de son remede.

PROSOPOPE'E D'VN HERCVLE DE BRONSE,

Qu'vn Sot venoit regarder atentiuement.

EPIGRAMME.

I'AY de Monstres hideux netoyé l'Vniuers,
On m'a veu triompher en cent trauaux diuers,
Ma force est sans pareille & ma gloire sans bornes.
Que pretens-tu Philinte apres tous ces exploits ?
Croy-tu qu'en te voyant j'auray peur de tes Cornes,
Moy qui n'eus point de peur de celles d'Achelois ?

POVR VN IEVNE CHIRVRGIEN, QVI E'POVSOIT vne vieille Femme.

EPIGRAMME.

SI tu prens ce Squelete antique,
Pour le pendre dans ta boutique,
Ie tiens que tu n'as point de tort.
Mais quoy, beau joüeur de Guiterre,
Tu veux avant que d'estre en terre
Te coucher au lit de la Mort.

VERS HEROIQVES

SVR LA MORT D'VN SINGE

DORINDE voſtre Singe eſt mort :
Mais n'en ſoûpirez pas ſi fort ;
Vos chambres en feront plus nettes,
Il n'ira plus ſur le lit bleu
Porter tous les jettons du jeu ;
Et les pates de vos minettes
Pour tirer les marons du feu,
Ne ſeruiront plus de pincettes.

PROSOPOPEE

PROSOPOPE´E D'VN SINGE

A vn mauuais Peintre petit & laid.

MADRIGAL.

N'OBSERVE point tant mon Tombeau;
Tu n'y verras rien d'assez beau
Pour mêler ton Indre à ta Mine.
Fusses-tu le Peintre du Roy,
Vn imitateur de ta mine
N'est rien qu'vn Singe comme moy.

A MADEMOISELLE LX.
Le mépris du mépris.

MADRIGAL.

J'AY veu dans vos petits soû-ris
Des marques d'vn certain mépris;
Mais je n'ay garde de m'en plaindre.
J'aurois grand tort d'en murmurer:
Puis que vos faueurs sont à craindre,
Vos mépris sont à desirer.

L'Autheur estant prié par des belles Dames de leur faire promtement vne piece de Theatre, pour representer à la Campagne, & se voyant pressé de leur écrire le sujet qu'il auoit choisi pour cette Comedie, à laquelle il n'auoit point pensé, leur enuoya les vers qui suiuent.

VERS HEROIQVES

SVIET DE LA COMEDIE DES FLEVRS

STANCES.

PVIS qu'il vous plaist que je vous die
Le sujet de la Comedie
Que je medite pour vos Sœurs;
Les Images m'en sont presentes,
Les Personnages sont des Fleurs:
Car vous estes des Fleurs naissantes.

⁂

Vn Lys reconnu pour vn Prince,
Arriue dans vne Prouince;
Mais comme vn Prince de son sang;
Il est beau sur toute autre chose,
Et vient vestu de satin blanc
Pour faire l'amour à la Rose.

Pour dire quelle est sa Noblesse
A cette charmante Maistresse
Qui s'habille de vermillon;
Le Lys auec des presens d'ambre,
Delegue vn jeune Papillon,
Son Gentilhomme de la Chambre.

En suite le Prince s'auance
Pour luy faire la reuerence;
Ils se troublent à leur aspect:
Le sang leur descend & leur monte;
L'vn pâlit de trop de respect,
L'autre rougit d'honneste honte.

Mais cette Infante de merite,
Dés cette premiere visite
Luy lance des regards trop doux:
Le Soucy qui brûle pour elle,
A mesme temps en est jaloux,
Ce qui fait naistre vne querelle.

On arme pour les deux caballes;
On n'entend plus rien que Tymballes,
Que Trompetes & que Clairons:
Car auec Tambour & Trompéte,
Les Bourdons & les Moûcherons
Sonnent la charge & la retraite.

Enfin le Lys a la victoire;
Il reuient couronné de gloire
Attirant sur luy tous les yeux :
La Rose qui s'en pâme d'aise;
Embrasse le Victorieux,
Et le Victorieux la baise.

De cette agreable entreueuë
L'Absynthe fait auec la Rhuë
Vn discours de mauuaise odeur;
Et la jeune Epine-vinette
Qui prend party pour la pudeur,
Y montre son humeur aigrette.

D'autre costé Madame Ortie
Qui veut estre de la partie
Auec son Cousin le Chardon;
Vient citer vne médisance
D'vne jeune fleur de Melon
A qui l'on void enfler la panse.

Mais la Rose enfin les fait taire,
Par vn secret bien salutaire
Aprouué de tout l'Vniuers:
Et dißipant tout cét ombrage,
La Buglose met les couuers
Pour le festin du Mariage.

Tout contribuë à cette Feste,
Sur le soir vn Ballet s'apreste,
Où l'on oit des airs plus qu'humains:
On y danse, on s'y met à rire,
Le Pauot vient, on se retire,
Bon soir, Ie vous baise les mains.

VERS HEROIQVES

A
ADAME
LA
CHESSE DE....

EPITRE.

C'EST en vain qu'Amour romp ses armes,
 Esteint son flambeau de ses larmes,
Et fait de plaintiues clameurs,
Belle Duchesse je me meurs.
Il faut que par d'autres Orphées,
Il face chanter ses trophées;
Puis que pressé de m'en aler
Ie ne puis chanter, ny parler.
 En vain les Muses desolées,
Vont à pieds nuds écheuelées;

Offrans

DE Mr TRISTAN.

ffrans des vœux pour ma santé,
uoy qu'il face froid & croté.
La Parque ne s'en fait que rire;
t je suis contraint de vous dire
oyant ses mauuaises humeurs,
elle Duchesse je me meurs.

L'Art à beau venir à mon aide;
e mal à vaincu le remede,
a Medecine & ses secrets
e font plus en moy de progrés;
es poumons ne peuuent qu'à peine
t je n'ay plus assez d'haleine
our vous dire dans ces douleurs,
elle Duchesse je me meurs.

Cependant, ô femme adorable,
e qui l'Esprit est admirable,
t dont toutes les actions
ont dignes d'admirations;
e deuoir enfin vous engage,
faire vn plus heureux voyage,
n des lieux de nege couuers,
t que vous alez rendre vers:
ar vos yeux ont le priuilege
e fondre la glace & la nege.

Si l'orgueil pouuoit s'abaisser,
e l'humeur qui me fait tousser:

S'il faloit qu'au mal qui m'étonne,
Et parmy les fueilles d'Automne
Est prest à me faire tomber,
Mon Destin me peut dérober.
Ie pourrois marcher sur vos traces
Auec les Amours & les graces
Qui par vn sentiment jaloux
Ne s'éloignent jamais de vous.
I'irois juger des doctes langues
Qui vous preparent des harangues;
Par qui vos rares qualitez,
Prendront de nouuelles beautez.
I'obseruerois vos reparties
D'vne douceur graue assorties;
Et par qui seront confondus
Les Esprits les plus entendus.
Mais ma fin est toute visible;
Ie sens bien qu'il m'est impoßible
D'estre témoin de ces honneurs,
Belle Duchesse je me meurs.

 O que de Concerts magnifiques !
Que de differentes Musiques !
De Luths, d'Epinetes, de Voix,
De Violons & de Haut-bois
Viendront honorer vos Entrées
En ces agreables Contrées !

DE Mr TRISTAN.

On aura comme au Carnaual,
Tous les soirs ou Ballet ou Bal;
Par tout sera quelque assemblée.
Qu'on ne verra jamais troublée
Si l'Amour, ce doux importun,
Ny trouble le sens de quelqu'vn:
Mais quelque spectacle qu'on voye
Dans vne si publique joye.
Quand à moy je ne verray rien,
Et ne sentiray point de bien:
Car, ô Dame tres-honorable
Ie le dis, & suis veritable
Plus que tous les autres Rimeurs,
Belle Duchesse je me meurs.

VERS HEROIQVES

A MADEMOISELLE DD.
EXCELLENTE COMEDIENNE,

Pour luy perſuader de monter
ſur le Theatre.

ODE.

DI moy qui te peut empêcher
De pareſtre ſur le Theatre ;
Eſt-ce que tu crains de pecher
En rendant le peuple idolatre ?

Fuy-tu cette profeſſion
Comme ſuſpecte d'infamie ?
Aujourd'huy c'eſt vne action
Dont la Gloire ſe rend Amie.

Cette crainte est le sentiment
D'vne raison qui n'est pas saine;
Depuis que nostre grand Armand
Daigne prendre soin de la Scene.

Di moy n'a ton pas netoyé
Le Cothurne de tous ses vices,
Depuis qu'on le void employé
Dans ses innocentes delices?

Aujourd'huy qu'on la sceu purger
De ses matieres de scandale,
Il peut estre veu sans danger
De ceux qui portent la sandale.

Son beau lustre n'est plus terny
D'vne libertine pensée;
On y void le crime puny,
Et la Vertu recompensée.

VERS HEROIQVES

C'est où s'étale le beau fruit
Des doctes filles de Memoire :
C'est où sans peine on est instruit
Pour la Morale & pour l'Histoire.

Pourquoy donques differes-tu
De mettre cét Art en usage,
Où la Fortune & la Vertu
S'exprimeront sous ton visage ?

Au sentiment des plus polis,
Tu rendras ta gloire immortelle
Comme la grande Amarillis,
Et comme la docte Isabelle.

De cent Princes qui te verront
Tu seras tout haut estimée ;
Et nos Poëtes écriront
Pour soûtenir ta renommée.

DE Mr TRISTAN.

Ne croy pas que ma vanité
Vueille seconder ton merite
A gagner l'immortalité,
Dont ma plume te solicite.

Ce ne sera que par hasard
Si dans ces superbes spectacles,
Mes vers quelque fois prennent part
A l'honneur de ces beaux Miracles.

Ie cede à ces doctes rêueurs
Qui par des Lumieres infuses,
Emportent toutes les faueurs
Qu'on obtient à la Cour des Muses.

Ie ne fay point ces Vers de choix
Par qui l'oreille est enchantée :
On enuelope des Anchois
De Mariane & de Pantée.

VERS HEROIQVES

Ie suis presque au rang des broüillons
Qui gastent les plus belles choses;
Qui se piquent aux éguillons,
Et ne cueillent jamais les Roses.

Toutefois le grand Richelieu
Fait quelque estat de mes Ouurages;
Ce qui plaît à ce Demy-Dieu
Ne deuroit pas déplaire aux Sages.

Puis vn Comte braue & charmant
Prend quelque plaisir à les lire;
S'ils sont beaux à son sentiment,
C'est toute la gloire où j'aspire.

L'AMOVR

L'AMOVR TRAVESTI
en habit de Fille,
POVR
MADEMOISELLE DE B.
EPITRE.

QVE cét Amour me parut beau,
Qui vint sans arc & sans flambeau
Faire éclat de sa bonne mine
Dans vne fourure d'hermine!
Pour moy ie ne le cele pas,
Ie fus charmé de ses apas
Sous cette voûte magnifique,
Dont nous admirions la fabrique.
Il s'enclina vers vn Autel
Comme eust fait vn pauure mortel;
Luy dont la puissance est si grande
Qu'il n'est deuoir qu'on ne luy rende.
Mais on pouuoit fort aysement
Découurir son déguisement,

VERS HEROIQVES

Il estoit dans ce stratageme
Trahy par son merite mesme.
Ses yeux qui sont toûjours actifs,
Sont deux petits brillans si vifs
Qu'ils faisoient fermer la paupiere
A qui soûtenoit leur lumiere.
Tant de graces & de beautez,
Rejalissoient de tous costez,
Autour de sa jeune personne,
Que mon Ame encor s'en étonne.
  Il n'estoit là, cét inhumain,
Que pour faire vn coup de sa main;
Il auoit projeté sans doute
De mettre quelqu'ame en déroute
Ou de luy donner du poison,
Malgré l'essay de la Raison.
Pour moy, je fus tout prest à dire;
Sçachant de quelle force il tire
Caché sous d'aymables atrais;
Amour passe, gare les trais.
  Mais j'eus crainte de luy déplaire,
Et possible qu'en sa colere
De son flambeau qu'il auroit pris
Il auroit brûlé mon poil gris.
J'aimay mieux garder le silence
Qu'éprouuer vne violence.

EPITRE BVRLESQVE,

Enuoyée vn jour de Caresme-prenant à vne Demoiselle de dix ou douze ans qui s'estoit mise à faire des Vers.

A Vous, ô la Belle des Belles,
Ie veux tracer quelques nouuelles
De qui le tissu variant,
Soit d'vn style doux & riant.
 Mais c'est en vain que je les cherche:
Mon esprit se bat sur la perche
Comme fait vn Emerillon
Qui veut voler le Papillon:
I'ay beau selon nostre coustume,
Grater mon front, ronger ma plume,
Batre des pieds, hausser les yeux,
Atendant des faueurs des Cieux.
Quelque soin que je puisse prendre
La verue n'en veut point descendre.
En voicy le secret caché,
Tout le Parnasse est débauché;

VERS HEROIQVES

Les Muses en habit fantasque.
Courent sur le Pegase en masque;
Y faisant des chary-varis
Comme ceux qu'on fait à Paris.

 C'est pour vne réjoüissance
D'vne fort celebre naissance;
Et l'on ne veut rien épargner
Dans le soin de la témoigner.
Vne petite Muse est née
En cette belle matinée,
Qui par ses aimables douceurs
Ocupe l'esprit des neuf Sœurs.

 Qu'elle est blanche, & qu'elle est bellote!
Il me semble qu'on l'emmaillote,
Et qu'elle imite par ses cris
Celuy des petites souris.

 Tandis que la grosse Talie
Luy fait cuire de la boulie,
Clio qui se veut employer
La remuë aupres du foyer.
Là s'étalent ses petits langes,
Qui sont des Odes de loüanges:
Là se chauffent sur des chenets,
Ses drapeaux qui sont des sonnets,
Auec quelque fine Epigrame
Que l'on tourne deuant la flame.

DE Mr TRISTAN.

Ie me trompe si son beguin
N'est taillé d'vn petit pasquin;
Et mesmes si ces oreillettes
Ne sont deux petites fleurettes.
Elle a des-ja pour bracelets
Deux jolis petits virelets;
Mais quand elle sera plus grande
Aux Muses je me recommande;
Ie ne crois pas qu'en l'vniuers
On puisse plus treuuer vn Vers,
Tant cette Infante si sublime,
Aura fait encherir la rithme.
On met des-ja sur le métier
Le fil d'vn Roman tout entier
Pour passementer ses brassieres
Qui seront des Oeuures entieres.
Son bonnet sera fait aussi
D'vn Poëme vn peu racourci,
Où l'on verra pour broderie
Tous les Vers d'vne Bergerie.
Ses souliers qui seront fort beaux
Seront sans doute deux Rondeaux;
Et ses bas seront deux balades
Si ce ne sont deux masquarades.
Pour luy faire vn petit tablier,
Vn chant royal se doit plier,

VERS HEROIQVES

Dont l'enuoy d'vne pointe fine
S'apliquera sur sa poitrine,
Et pour lasset quelque chanson
Ira derriere en limaçon :
Ou si l'on y met des agrafes
Ce seront belles Epitaphes
De qui les jolis anelets,
Seront de petits Triolets.
Sa robe sera Damascée
De quelque nouuelle Odissée;
Et pour beau passement dessus
On mettra six rangs de rebus
Acommodez en Acrostiches,
Afin de parestre plus riche;
Et pour Pontignac des quadrins
Formez de vers Alexandrins.
 O quelle merueilleuse chose
Nous voila reduits à la prose;
Si nous n'écriuons bien ou mal,
Quelque auorton de Madrigal,
Que voudra nous oster peut estre
La Musette qui vient de naistre,
Mon sens en est hors de son lieu,
C'est pourquoy je vous dis Adieu.

A MONSIEVR BOVRDON, GENTIL-HOMME de la maison de Monsieur le Comte de saint Aignan.

EPITRE.

AGREABLE Creature,
Où le soin de la Nature
Ses plus beaux dons a logé
En un petit abregé.
BOVRDON que Minerue Amie
En sa docte Academie,
A comblé de ces presens,
Dont on fait la nique aux ans.
Vien me voir ; je t'en conjure
Par l'Art & par la Nature,

Qui t'ont produit si joly,
Et t'ont rendu si poly.
Vien voir ce quatriéme estage,
Où j'ay fait mon Hermitage
Que la Muse a consacré
Du haut du dernier degré.
Vien sçauoir où se retire
Vn homme qui ne desire
Aucun de ces grands thresors,
Qu'on ouure à tant de ressors.
Vn homme qui ne peut estre
Flateur, Espion, ny Traistre,
Ny debiteur de poulets,
Comme tant d'heureux Valets.
Mais dont la melancolie
Ose tenir à folie
Ce qu'en ce siecle tortu
D'autres tiennent à vertu.
Qui treuue vn bon-heur extréme
A se posseder soy-mesme,
Et regler ses passions
En lisant les actions
De tous ces sages Antiques
Qui viuent dans les Croniques.
 Aussi n'ay-je point de Bien :
Et pour ne te celer rien,

La riche tapisserie,
La soye & la broderie
Qui font mon ameublement,
Sont des liures seulement:
Que je prens & que je quite,
Selon l'humeur qui m'agite.

   I'en ay des masses par tout
Dressez, couchez, ou debout.
Babylone l'orgueilleuse
De structure merueilleuse,
Durant sa diuision
Eut moins de confusion:
Et sans te parler Satyre,
Mes liures te feront rire.

   I'en ay sur mon oreiller
Où je viens de m'éueiller.
I'en ay d'assez venerables
Sur des sieges & des tables:
I'en ay d'autres delaissez
Sur des coffres entassez;
I'en ay negligez de sorte
Qu'ils sont derriere ma porte,
Pour estre comme enterrez,
De la poudre deuorez.

   Icy, Virgile se montre
D'une agreable rencontre,

VERS HEROIQVES

Et couronné d'vn Laurier,
Parle Pasteur & Guerrier.
Tout aupres le docte Horace
S'exprime de bonne grace;
Marquant d'vn style diuin
L'Amour, la Guerre, & le Vin.
Lucain paroît à sa suite,
Par qui l'horreur est déduite,
Qui de massacres diuers
Fit vn Chef à l'Vniuers.
 Plus loing le mignard Catulle
Se plaint du feu qui le brûle;
Comme le noble Exilé
Du feu qui l'a trop brûlé.
De ça l'aymable Arioste
Va faire partir en poste
Quelque Auanturier galand
Dessus son cheual volant.
Et là le Tasse & Petraque
Et d'autres autheurs de marque,
Semblent crier entr'ouuerts
Qu'on vienne lire nos vers,
Et juger de nos pensées
En ces fueilles ramassées.
 Mais BOVRDON ne pense pas
Que ce soient les seuls apas

DE Mr TRISTAN.

Par qui maintenant j'inuite
Vn homme de ton merite.
Tes yeux seront regalez
De dix Tableaux étalez,
Qui montrent par auanture
Que j'ay du bien en peinture,
Moy qui mesme par souhait
Fuy d'en auoir en effet.
Icy l'amoureuse Armide,
D'vn air tremblant & timide
Enleue tout endormy
Son trop aymable ennemy.
Amour seruant à sa haine
De Roses fait vne chaîne,
Afin que d'authorité
Le cruel soit arresté.
Pres d'vn fleuue deux Nayades
Par de certaines œillades
Aprouuent le coup heureux
De ce larcin amoureux :
Mais par tout le païsage
Montre que c'est vn Ouurage
Qui tient du noble dessein
Du grand & sçauant Poussin.
   Ailleurs vne illustre Estoille
Qui brille dessus la toille ;

A fait d'un docte peinceau
Quelque chose de plus beau
Que dans l'ardeur qui m'allume
Ne peut exprimer ma plume :
Mais ce grand homme ne peint
Nul sujet qui ne soit saint.
I'ay de luy plus d'vne veille,
Et chaque docte Merueille,
Dont il m'a gratifié,
Rend ce lieu sanctifié.
 Sous ces pieces immortelles
Eclatent des fleurs nouuelles,
Où l'on voit bien que Picart
A fait entrer tout son art.
Les fueilles en sont mouuantes
Et paroissent odorantes,
Tant leurs apas rauissans
Sçauent bien tromper les sens.
 Vien donc BOVRDON je te prie
Loüer cette tromperie,
Et me consoler du bien
De ton aymable entretien.
Mais ne viens pas pour me dire
Ce qu'on fait en cét Empire,
Où les gens du Cabinet
Ne parlent que Lansquenet.

Tréue dans nostre pratique
Des sujets de Politique,
Dont les moins interessez
Discourent toûjours assez.
Mettons nous plûtost à boire,
A ce Comte dont la gloire
Se promene sur mes vers
Aux deux bouts de l'Vniuers.
Ce grand & parfait Modelle
D'vn esprit ferme & fidele,
Ce grand Cœur qui ne craint pas
L'horreur de mille trépas,
Mais qui craint plus que la flame
Les moindres sujets de blâme.
 Sa haute & rare valeur
Ne vient pas d'vne chaleur,
Par qui dans vne mêlée
L'ame puisse estre ébranlée.
On luy void enuisager
Les images du danger
Auec cette quietude ;
Que j'aurois dans mon étude.
 Ie croy qu'au fort d'vn combat
A peine le cœur luy bat
Auec plus de vehemence,
Qu'il n'est émeu quand il dance.

VERS HEROIQVES

Il s'auance au premier rang
Moins pour épandre du sang
Que pour gagner cette gloire,
Qui suit toûjours la Victoire.
Aussi quand deuant ses pas
L'ennemy met armes bas,
Il semble que par vn charme
Sa colere se desarme,
Et que ceux qu'il a soûmis
Deuiennent tous ses Amis.
 Mais s'il a des auantages
Entre les plus grands Courages;
Emporte-t'il moins le prix
Entre les plus grands Esprits?
Ses lumieres nompareilles
Sont d'éclatantes merueilles;
Dont on ne peut dignement
Parler sans étonnement.
 Il a cent qualitez rares
Qui charmeroient des barbares;
Et leur feroient conceuoir
La noble amour du Deuoir.
Ces choses se deuoient mettre
Ailleurs que dans vne lettre:
Mais j'ay l'esprit si remply
De ce Heros acomply,

DE Mr TRISTAN.

Que par tout il se debonde,
Le peignant à tout le monde.
Que si j'en parle trop haut,
Pardonne moy ce defaut
Car c'est pour cette Personne
Vn mal qu'il faut qu'on pardonne,
N'en fut-il d'autre en ce temps,
Bon-jour BOVRDON je t'atens.

SUR LA CONVALESCENCE & le Retour de….

ODE.

MVSES compagnes immortelles,
Couronnez-vous de fleurs nouuelles,
Et venez faire voſtre cour :
Celuy dont le ſalut fait toutes vos delices,
Le glorieux ſujet de tous vos ſacrifices,
Le grand Daphnis eſt de retour.

Vous n'auez plus ſujet de caindre :
De tant de maux qui l'ont fait plaindre
En fin le cours eſt arreſté.
Et la Nymphe de Seine apres celle de Loire,
Va porter auſſi loin que le bruit de ſa gloire,
Les nouuelles de ſa ſanté.

DE Mr TRISTAN.

Pour le voir le peuple se presse
Faisant parêtre une alegresse
Qui n'a point de comparaison.
Et quiconque n'est pas ennemy de la France,
Voyant de ses douleurs l'heureuse deliurance
Bat des mains sur sa guerison.

O que l'Estat prenoit d'alarmes,
Et qu'il eust répandu de larmes
Si la Parque eust fermé ses yeux :
Mais le mal a cessé de luy faire la guerre,
Et nos vœux ont gardé cét Astre de la Terre
D'augmenter les Astres des Cieux.

Qu'il viue encor beaucoup de lustres
Ce Heros dont les faits illustres
Sont la merueille de nos jours,
Ou plustost que cét Astre, où tant de gloire abonde,
Pour la felicité de la moitié du Monde
Ne finisse jamais son cours.

Vu

VERS HEROIQVES

Qu'à jamais les soins qu'il se donne,
A cette superbe Couronne
Seruent d'ornement & d'apuy,
Et qu'à jamais l'éclat de ses Vertus insignes
Par de nouueaux progrés solicite les Cygnes
A chanter des Hymnes pour luy.

Son immortelle renommée
Du Tage à l'Euphrate est semée,
Et va du Midy jusqu'au Nord,
Il fait parler le marbre & fait taire l'Enuie,
Seroit-il arresté qu'vne si belle vie
Se treuuât sujete à la Mort ?

SVR
LE BRVIT INCERTAIN
de la Mort de...
MADRIGAL.

Si mon Maistre acroist sa fortune
Des dépoüilles de ce Heros
Qu'on tient mort au sein de Neptune,
Que son ame soit en repos :
Mais s'il faut qu'vn autre en herite,
Dieu permette qu'il ressuscite.

VERS HEROIQVES

D'VN
MEDISANT.

ON dit que c'est vn Chien qui mord mesme les siens,
Mais je treuue qu'il est d'vne humeur bien cõtraire:
Car à coups de bâton l'on fait crier les Chiens,
Mais à coups de bâton souuent on l'a fait taire.

CONSOLATION
SVR VN DEPART.

MADRIGAL.

O BEAVTE' qu'vn départ aflige
D'vn mal pire que le trépas;
L'Amour aux larmes vous oblige,
Mais la Raison n'y consent pas;

 Celuy dont vous pleurez l'absence
Vous ordonne vn calme plus doux:
Encore qu'il soit hors de France,
Il ne s'éloigne point de vous.

 L'Astre puissant qui vous assemble,
Vous fera toûjours viure ensemble
Malgré le sort & sa rigueur.

 Par les loix d'vne sainte flame
Vous serez toûjours dans son Cœur,
Comme il est toûjours dans vostre Ame.

CONSOLATION

A L'VN DE SES GRANDS
Amis, afligé d'auoir perdu sa femme, & qui se treuuoit acablé de beaucoup d'autres infortunes.

STANCES.

CHER Damon, viuante peinture
Du merite persecuté;
La Mort, le Sort & la Nature,
A la fois ont tous atenté
Pour te mettre en la sepulture.

Celuy n'a le cœur guere tendre
Qui mesme sans estre effroyé,
Auec des yeux secs peut aprendre
Les malheurs qui t'ont foudroyé,
Et ne t'ont point reduit en cendre.

❦

Le sepulchre est ta seule enuie;
Mais par la malice du Sort,
La clarté ne t'est point rauie,
Pource que tu treuues la mort
Beaucoup plus douce que la vie.

❦

Que de cruautez inhumaines,
Viennent piquer ton noble cœur !
La fiéure brûle dans tes veines;
Mais sa violente rigueur
N'est que la moindre de tes peines.

❦

Objets de sa douceur passée,
Portraits d'vn Chef-d'œuure des Cieux,
Dont la lumiere est éclipsée;
Elle n'est plus deuant ses yeux,
Ne soyez plus dans sa pensée.

VERS HEROIQVES

Sa constance rendra les armes
Dans la perte d'vn bien si cher :
Mais sa tristesse a tant de charmes,
Que je ne sçaurois m'empescher
De donner des pleurs à ses larmes.

O vous dont la rigueur le blâme,
Lors qu'en pleurs il est tout fondu,
Rendez luy son aymable femme,
Rendez luy ce qu'il a perdu
Ou prenez encore son Ame.

Ah ! que je hay les injustices
De ces ennemis rigoureux,
Qui par de cruels artifices,
Insultent sur les malheureux
Qui tombent dans des precipices !

Cher *DAMON* ne perds pas courage,
Ta Vertu peut vaincre le Sort :
Et durant vn cruel Orage,
Quelque fois on treuue le port
Quand on pense auoir fait naufrage.

SUR LA MORT D'VNE BELLE
ANGLOISE
SONNET.

BELLE & jeune Estrangere, Amante infortunée,
Q'Amour nous amena des Prouinces du Nord,
Nostre Age est étonné du genereux effort,
Dont tu finis tes maux en ta vingtiéme année.

Lors que tous les Humains t'eurent abandonnée,
Ton Cœur trop glorieux ne pût ceder au Sort,
Et ton noble dépit en courant à la Mort
Iusqu'au dernier soûpir braua la Destinée.

Tu ne balanças point en ces extremitez,
Tu t'afranchis du joug de ces calamitez,
D'vn coup que tout ton Sexe admire auec enuie.

Aussi de tes erreurs on ne te blâme pas :
Car tout le deshonneur qu'on impute à ta Vie,
Se treuue dementy par vn si beau Trépas.

POVR VNE BELLE GORGE CACHEE.

MADRIGAL

LES plus beaux ornemens qui soient en l'Vniuers
  Ne paroissent point sous des voiles,
Le Ciel & le Soleil nous sont tous découuers;
Et nous voyons l'Iris, l'Aurore & les Estoiles.
  Pourquoy donc cacher d'vn mouchoir
Ce beau Sein composé d'vne nege si dure,
Faut-il par ces rigueurs nous empêcher de voir
  Les Merueilles de la Nature?

POUR UNE AMOUR
Assise en haut lieu.

MADRIGAL.

On m'acusé de trop oser,
En adorant l'Objet qui me vint embraser.
Il est bien éleué ce Miracle des Belles :
Mais esperons mon Ame en seruant comme il faut,
L'audace est bien receuë auec des soins fideles,
Le bon-heur où j'aspire est en vn lieu bien haut,
    Mais l'Amour n'a t'il pas des aîles ?

DE Mr TRISTAN.

POVR VN PORTRAIT D'VNE BELLE DAME.

MADRIGAL.

O Que l'Autheur de ce Portrait
A d'ignorance ou de malice!
On deuroit le mettre en Iuſtice,
Comme vn Larron pris ſur le fait.
Car ſon Pinceau n'exprimant pas,
Cette Merueille incomparable,
Luy dérobe beaucoup d'apas,
Dont le prix eſt ineſtimable.

POVR VNE IALOVSIE enragée, dans vn Romant.

SONNET.

DESTINS, faites moy voir vne Ville alumée,
Toute pleine d'horreur, de carnage & de bruit;
Où l'inhumanité d'vne orgueilleuse armée
Triomphe insolemment d'vn Empire détruit.

Faites moy voir encore vne flote abysmée,
Par le plus fâcheux temps que l'orage ait produit,
Où de cent mille voix, dans la plus noire nuit,
La clemence du Ciel soit en vain reclamée.

Ouurez moy les Enfers : montrez moy tout de rang
Cent rauages de flame & cent fleuues de sang,
Et pour me contenter lancez par tout la foudre.

Faites moy voir par tout l'image du trépas,
Mettez la Mer en feu, mettez la Terre en poudre,
Et tout cela, Destins, ne me sufira pas.

POUR DES FLEURS DE MINIATURE,
FAITES DE LA MAIN d'vne belle Fille.

MADRIGAL.

IL n'est point de plus belles choses
    Que ces Lys & ces Roses,
Dont vous nous exprimez la forme & les couleurs :
   Mais pour vous declarer le sentiment des Cœurs
Que vous auez blessez de vos graces diuines ;
Encor qu'au naturel vous traciez bien des Fleurs,
    Vous en marquez mieux les Espines.

SVR VNE FACHEVSE ABSENCE.

ANAXANDRE en partant me fit vne promesse,
Qu'auant que le Printems se couronnât de fleurs,
Il viendroit par sa joye adoucir ma tristesse,
Et pousser des soûpirs qui secheroient mes pleurs.
Roses de ce verger qui vous montrez si viues,
Vous paroissez trop tost pour mon contentement :
   Pourquoy n'estes vous plus tardiues,
Que ne respectez-vous la foy de mon Amant ?

DE Mr TRISTAN.

LE MANIFESTE DE LA BELLE INGRATE.
ODE.

AYMABLE Esprit charmant Genie,
Qui flates si bien ces beaux yeux
De qui les hommes & les Dieux
Ont éprouvé la tyrannie ;
Sçache que les soins que tu prens
Qui sont si dignes & si grans,
N'obtiendront rien que des suplices :
Et que cét Objet non commun
Qui merite tant de seruices,
N'en reconnut jamais pas vn.

VERS HEROIQVES

Cét Honneur du siecle où nous sommes
De qui la gloire est l'Element,
Met sous les pieds insolemment
La liberté des plus grands hommes,
Et cette Orgueilleuse Beauté
Avecque tant de cruauté
Dispose de nos auantures;
Qu'elle oblige assez les mortels
Quand elle ouure des sepultures
A qui luy dresse des Autels.

Tous ceux que l'éclat de ses charmes
Oblige à ton ressentiment,
Seroient heureux en leur tourment
S'ils en osoient verser des larmes :
Mais quoy, la rigueur de ses loix
Oste l'vsage de la voix
Dans les plus sensibles ateintes :
Et de sa haute cruauté
L'on ne sçauroit faire de plaintes
Sans commettre vne impieté.

POVR VNE BELLE MAIN CACHEE.

MADRIGAL.

Montrez moy la belle Geoliere
Qui tient mon ame prisonniere :
Cette MAIN d'albatre animé.
Si de baisers je l'assassine,
Ce n'est pas pour sortir de la prison diuine
Où je suis renfermé :
Car c'est vne chose assurée
Que je veux qu'elle soit d'eternelle durée.

PROSOPOPE'E
DE F. T. L.

ELEVE' *dans la Cour dés ma tendre jeuneſſe,*
J'aborday la Fortune & n'en eus jamais rien.
Car j'aymay la Vertu, cette altiere Maiſtreſſe
Qui fait brauer la peine & mépriſer le Bien.

DE Mr TRISTAN.

POVR DES CHEVEVX COVVERTS D'VNE COIFE.

MADRIGAL.

BLONS Cheueux, clairs rayons, dont ce voile funeste
    Enferme la beauté;
Vous estes tout ainsi que le flambeau celeste
Quand vn nuage épais ofusque sa clarté.
    Sortez de ce cruel seruage;
Vous rendrez plus serain le ciel de ce visage,
Où l'Amour s'est placé pour me donner la loy.
    O bons Dieux! quel surcroît de peines!
Est-il en l'Vniuers autre Esclaue que moy
Qui n'ait la liberté de contempler ses chaines?

SONNET

C'EST fait de mes Destins ; je commence à sentir
Les incommoditez que la vieillesse apporte.
Déja la pâle Mort pour me faire partir,
D'vn pied sec & tremblant vient fraper à ma porte.

Ainsi que le Soleil sur la fin de son cours
Paroît plûtost tomber que descendre dans l'Onde ;
Lors que l'homme a passé les plus beaux de ses jours,
D'vne course rapide il passe en l'autre Monde.

Il faut êteindre en nous tous frivoles desirs,
Il faut nous détacher des terrestres plaisirs
Où sans discretion nostre apetit nous plonge.

Sortons de ces erreurs par vn sage Conseil ;
Et cessans d'embrasser les images d'vn songe,
Pensons à nous coucher pour le dernier sommeil.

A L'HONNEVR DE SYLVIE.
STANCES.

SAuantes Filles de Memoire,
   Qui d'vn espoir de gloire
Sur vostre double Mont flattez les beaux esprits;
Ie n'ay point de regret d'auoir suiui vos traces,
   Et vous rends mille graces
De celestes secrets que vous m'auez apris.
   Sans doute mes vers sont plus rares
   Que ceux de ces barbares
Qui pour vous obliger font d'inutiles vœux:
Et certain desormais qu'ils ont de l'excellence,
   Ie puis sans insolence
Permettre qu'vn laurier me presse les cheueux.
   Quelle plume au siecle où nous sommes,
   Du simple aueu des hommes
Pourroit auec raison flatter sa vanité?
Et ie voy toutesfois, que m'a fortune est telle
   Qu'vne voix immortelle
Asseure mes escrits de l'immortalité.
   Mes chansons ont charmé l'oreille
   D'vne jeune Merueille,
Dont l'aymable presence enchante tous les cœurs:
Elle treuue en mon stille vne douceur extresme
   Et confesse elle mesme
Que i'ay beaucoup de grace à montrer ses rigueurs.

Certes, ces bontez sont estranges;
 Ie n'ay mis ses loüanges
Qu'au Tableau que i'ay fait des rigueurs de ses lois:
Cependant à ma gloire elle dit mille choses
 D'vne bouche de roses
Qui pourroit d'vn seul mot fauoriser des Roys.
 Il faut confesser que Syluie
 Est la honte & l'enuie
De tout ce que l'on voit de parfaites Beautez:
Et que ce rare objet a bien plus d'auantage
 Sur le plus beau visage,
Que le Soleil n'en a sur les moindres clartez.
 Mais ses vertus incomparables
 Sont vrayment adorables;
Rien n'est égal aux dons qu'elle a receus des Cieux:
Et quelques doux apas que tout le monde y loüe,
 Il faut que l'on auoüe
Que son ame est encor plus belle que ses yeux.
 Maistres de la Terre & de l'onde,
 Venez du bout du Monde
Voir ces beautez sans nombre & sans comparaison:
Amour est mon tesmoin, si ie dis que ses flames
 En surprenant vos ames,
Ne leur sçauroit donner de plus belle prison.

F I N.

LA LYRE
A MONSIEVR
BERTHOD,

Ordinaire de la Musique du Roy.

ERTHOD personne illustre en cét âge barbare
Où l'Amy veritable est vn tresor si rare ;
Amy discret, fidelle, & digne de mon choix,
De qui l'esprit éclate aussi bien que la voix,
Et dont la merueilleuse & diuine Armonie
A d'vn feu tout celeste eschaufé mon Genie;
Cesse de reueiller auec tant de beaux Airs
Echo qui se retire au fonds de ces Deserts ;

Et qui pleignant encor le trespas de Narcisse,
A besoing de repos plustost que d'exercice.
Laisse dormir en paix les Nimphes de ces eaux
Qui couronnant leur front de joncs, & de roseaux,
Sous le liquide argent de leurs robes superbes,
Dancent à tes chansons dessus l'esmail des herbes.
Ne donne plus d'amour à la Reyne des fleurs
Qui fait montre à tes yeux de ses viuent couleurs,
Et qui prestant l'oreille à ta voix qui l'attire,
Charge de ses odeurs les aisles de Zephire.
Suspen cet art diuin qui peut tout enchanter,
Et tien la bouche close afin de m'escouter.

Comme le plus grand Roy qui soit en la Nature
S'est daigné diuertir à faire ta peinture,
Et tirer ton Portrait de cette mesme main
Dont il a fait trembler l'Ibere & le Germain :
Ie veux par vn labeur qui despite les Parques :
De nostre amitié sainte eterniser les marques :
Et grauer ton merite & ton nom dans ces vers
D'vn soin qui les conserue autant que l'Vniuers.
Ie veux chanter l'effet que la Fable ancienne
Raconte d'vne voix moins belle que la tienne ;
Ie veux despeindre icy d'vne viue couleur,
Ce que tenta ce Chantre accablé de douleur
Qui rendit a ses Airs les marbres pitoyables,
Et fit dans les Enfers des progrés incroyables.

QVAND cet homme fameux dont la Lyre & la voix
Attiroient apres luy les Rochers & les Bois,
Suspendoient pour vn temps le cours de la Nature,
Arrestoient les Ruisseaux, empeschoient leur murmure
Domtoient les Animaux d'vn air imperieux,
Asseuroient les craintifs, calmoient les furieux,
Et par vne merueille inconnuë à la Terre
Faisoient naistre la paix où fut tousiours la guerre;
Quand, dis-je, cet Amant eut accusé la mort,
Iniurié les Cieux, les Astres & le Sort,
Et dit sur l'accident du trespas de sa femme
Tantost auec loüange, & tantost auec blâme
Tout ce que dans l'excés d'vn semblable malheur
Luy peurent inspirer l'amour & la douleur.
Il dressa le tombeau de sa chere Euridice
Dessus vn grand Rocher pendant en pricipice;
Pour y passer sa vie & s'y plaindre tousiours
Du cours infortuné de ses tristes amours.
Il ne prit auec luy que sa Lyre fidelle
Pour employer le temps à se plaindre auec elle :
Mais ce rare instrument qu'il sçeut si bien toucher,
De nouueaux ornements embellit son Rocher;
Car le son merueilleux de ses cordes diuines
Obligea les Forests d'enleuer leurs racines,
Pour venir honorer de leur ombrage frais
Ce mortel si sçauant à faire des regrets.

LA LYRE

A ses premiers accords on veid soudain parestre
Le Noyer, le Cormier, le Tilleul, & le Hestre,
Le Chesne qui iadis couronnoit le Veinqueur
D'vne juste pitié s'y fendit iusqu'au cœur.
Le Cedre imperieux y vint baisser la teste
Suiui du vert Laurier qui braue la tempeste.
Le Palmier s'y pressa pour luy faire la Cour
Cet Exemple parfait de constance & d'amour,
Le Tremble y vint couuert de sa feüille timide,
Le Cypres y parut en verte Piramide :
Le Peuplier qui du Po rend les bords honorez,
Le Coudre deceleur des thresors enterrez,
L'Arbre qu'ayme Venus, celuy qu'ayme Diane,
L'Erable, le Sapin, le Tamarin, le Plane,
Le Cycomore noir, le Saule pallissant,
Le Bouleau cheuelu, l'Aubepin fleurissant,
L'Abricotier qui porte vne moisson sucrée,
La plante pacifique à Pallas consacrée,
L'arbre delicieux qui produit les Pauis,
Le Grenadier chargé de ses tendres rubis :
Le Figuier, le Meurier, dont le fruit agreable
Fut coloré de sang par vn sort deplorable.
Enfin, depuis le Fresne ennemy des serpens
Iusques à l'humble Vigne aux bras toûjours rampans,
L'Orenger qui son fruit de sa fleur accompagne,
L'Eucens, le Violier, & le Iasmin d'Espagne,
Attirez par le son de ses charmans accords,
Furent de la partie & ne firent qu'vn Corps,

DV Sr TRISTAN.

Tout alentour d'Orphée en ordre se rengerent,
Et de son infortune ensemble s'affligerent,
Se mettant en devoir d'adoucir ses ennuis
En luy venant offrir ou des fleurs ou des fruits.
   Mille petits Oyseaux serrans leurs plumes peintes,
Y devienent muets pour entendre ses plaintes :
Là le Chardonneret, le Tarin, le Pinson
Escoutent à l'envy cette docte leçon ;
Le Serin là medite, & l'aymable Linotte
En forme en son idée une petite notte.
Iamais le Rossignol ce Chantre ingenieux,
Cet Atome sonnant, ce point armonieux,
Qui mesle en ses motets un si rare artifice,
Contre ce Champion n'ose entrer dans la lice.
La le Geay peu discray, se rend respectueux,
La Corneille y retient son cry tumultueux,
Et le Merle touché d'une douleur secrette,
Semble y porter le dueil de celle qu'on regrette.
La Chouëtte en leur troupe ose lever le front :
Et sans que sa laideur y reçoivent d'affront ;
Car sa difformité, qui leur colere attise,
Aupres de cette Lyre est en lieu de franchise.
Il semble que l'ayguille ait fait adroitement
Ces Animaux sans voix comme sans mouvement ;
Et parmy tous ceux-cy beaucoup d'Oyseaux de proye
Semblent aussi charmez, n'estre faits que de soye.
Le Lanier qui soustient, superbe & genereux,
Void lever des Pigeons & ne fond point sur eux :

a iij

L'Esperuier au Moyneau, n'ose faire la guerre,
L'Autour & la Perdrix, sont en paix sur la terre.
L'Oyseau de Iupiter ce Monarque des airs
Qui tient la region d'où partent les esclairs,
Paroist haut suspendu dans vn profond silence
Sans faire à ses sujets aucune violence :
Le Heron dessous luy, plane d'vn vol leger,
Et demeure sans crainte à l'ombre du danger.
Ainsi la Majesté d'vne voix docte & belle,
Suspend la tirannie & la peur naturelle ;
Et sous l'authorité de ses charmes puissans
Milles Peuples diuers sont tous obeïssans.
Mais cette loy parlante en cette aymable sorte
Mestrise bien des cœurs de nature plus forte :
Si les hostes de l'air respectent cette voix,
Ceux dont la cruauté deshonore les Bois
Et qui sur les troupeaux font de sanglans rauages,
Ne sont point en ce lieu plus fiers ny plus sauuages.
La Biche & le Cheureul se trouue sans danger
Pres du Ceruier cruel, & de l'Once leger ;
Le Lyon despoüillant sa naturelle audace,
Soufre qu'aupres de luy le Taureau preine place ;
L'indomptable Elephant dans cette attention
Pres du Rinocerot n'a point d'émotion.
La Brebis & le Loup suiuent cette armonie,
L'vn sans aucune peur, l'autre sans tirannie,
Puisque durant l'excés d'vn si charmant plaisir
Ny l'effroy, ny la faim, ne les peuuent saisir.

DV St TRISTAN.

La Bellette au combat peu deuant attachée,
Laisse auecque l'Aspic sa victoire esbauchée;
Et son fier ennemy par l'oreille enchanté
Quite auec son venin son animosité.

Là se viennent coucher en diuerse posture
Cent Animaux diuers de forme & de nature;
La fruduleuse Hyene, & de qui la beauté
Sous vn port innocent cache sa cruauté.
Le Cheual glorieux, simbole de la guerre,
Le Linx aux yeux perçeants, dont l'eau se change
  en pierre.
L'Escurieu sautelant qui n'a point de repos,
La Marmote assoupie, & le Singe dispos.
Le Castor y fait voir sa longue pane rousse,
Le Porc-espic ses traits dont luy-mesme est la trousse,
Le Tigre y met au iour son beau gris argenté
Qu'auec art la Nature a si bien moucheté.
L'Ours y vient auoüer que des douceurs pareilles
Ne se rencontrent point au sejour des Abeilles.
Le Sanglier y paroist dont le crochet fatal
A terracé de Mars le glorieux Riual;
L'on y void arriuer le Byson solitaire,
La docile Girafle, & le laid Dromadaire.
Là le Cameleon qui change si souuent,
Se nourrist des beaux Airs d'vn Chantre si sçauant.
Là, se vient presenter la Martre Zebeline,
Là, se laisse rauir la pure & blanche Hermine.

Le Chat que la Lybie enfante en ses ardeurs.
Y fait profusion de ses bonnes odeurs:
Le Grifon de son Or, & l'aymable Licorne
Y donne pour tribut sa precieuse corne.

 Voila comme en ce lieu de sauuages sujets
Se laissent captiuer à d'aymables objets,
Et conseruent entre eux vn respect incroyable,
Ployans également sous vn chant pitoyable,
Et voila comme Orphée alege vn peu ses maux
Durant qu'il les partage à tous ces Animaux.

 Vn jour vne Bachante errant à l'auanture,
Vn vagabond recueil de dons de la Nature,
Qui mesme, auec Iunon disputant de beauté,
Ne luy pouuoit ceder que pour la Majesté;
Vn Chef-d'œuure des Cieux, vn Miracle visible,
Vn objet adorable à tout sujet sensible;
Qui pouuoit tout rauir, à qui tout sembloit deu,
Donna dans ce filet parmy l'air estendu.
Cette jeune Beauté de Bacus eschauffée
Courut où rezonnoit la douce voix d'Orphée.

 Sa taille haute & droite estoit plaine d'apas,
Et comme la fureur precipitoit ses pas
Sa jupe qui s'ouuroit au dessous de la hanche,
Faisoit voir à tous coups sa cuisse ronde & blanche;
Ses brodequins dorés faits delicatement.
Où l'on voyoit de neuds vn riche ajustement

En augmentoit la grace & donnoit cognoissance
Qu'elle ne venoit pas d'vne obscure naissance.
Entre ses belles mains vn Thyrse elle tenoit
Qu'vn long & frais tissu de pempre enuironnoit;
Sa gorge estoit ouuerte, où d'vne force egale
Deux petits Monts de lait s'enfloient par inter=
 uale.
Ses yeux estoient brillans, & ses jeunes regars
Lançoient innocemment des feux de toutes pars,
Sa bouche paroissoit comme vn bouton de rose
Petite, releuée, & n'estoit point si close
Dans cette emotion qu'on ne vid au dedans
Esclatter la blancheur des perles de ses dens,
Cette bouche qu'Amour tient entre ses miracles
Qui d'esprit de Iasmin parfume ses Oracles.
Son poil comme elle errant, s'épandoit sans dessein
Tantost sur son espaule & tantost sur son sein;
Et Zephir qui l'enfloit de son haleine mole,
Y souleuoit des flots tels que ceux du Pactole :
Mais dont l'aymable orgueil, esmeu de tous costez,
Eust fait faire naufrage à mille libertez.

Là voila qui soupire aussi tost qu'elle aproche
De cette resonnante & merueilleuse roche
Où se forment des sons assez melodieux
Pour adoucir le cœur du plus cruel des Dieux,
Elle admire l'Autheur de la douce armonie
Qui desja dans son Ame estend sa tirannie;

LA LYRE

Et bien qu'il soit d'ennuis & de pleurs suffoqué,
Assis dessus vn banc dans le Roc pratiqué,
Et que rien que le tour d'vn vert Laurier ne ceigne
Sa longue cheuelure entre blonde & chasteigne,
Il passe en son esprit des le premier regar
Pour vn jeune Veinqueur triomphant sur vn char.
Dieux! quel charme secret se trouue en la Musique!
Cette Beauté que trouble vne chaleur bachique,
Sent à ce rare objet, chasser de son cerueau
Les espaisses vapeurs du boüillant vin nouueau,
Et contemplant Orphée auec trop de tendresse
Chancelle en vn instant d'vne plus belle yuresse.
Elle escoute sa plainte auec tant de plaisir,
Que desia sa raison prend loy de son desir.
Son cœur abandonné de l'enfant de Semelle,
Reçoit vn autre enfant d'vne humeur plus cruelle,
Mais fust-il plus perfide, & plus cruel cent fois,
Elle est determinée à receuoir ses loix.
Desia l'Arrest s'imprime en son ame charmée,
Qu'il faut soudain qu'elle ayme & qu'elle soit aymée,
Son effrené desir soufre vn mors importun,
Elle auance deux pas, puis elle en recule vn;
Sa flame à s'affranchir treuue de la contrainte,
Elle en rougist de honte, elle en pastist de crainte,
S'efforce de parler iusqu'à deux ou trois fois;
Et sentant retresir le canal de sa voix
Differe en cet estat de la mettre en vsage
Iusqu'à ce que l'amour augmente son courage.

A la fin s'approchant de ce beau Tracien
Qui fut pour son malheur si grand Musicien;
Elle luy dit ces mots plains d'ardeur & de flame
,, Cesse de regretter le trespas d'vne femme
,, Digne & Parfait Amant de qui les qualitez
,, Donneroient de l'amour à des Diuinitez.
,, Vne belle auanture aujourd'huy t'est offerte
,, Pour essuyer tes pleurs & reparer ta perte;
,, Si tu daignes porter ton esprit & tes yeux
,, Sur vn nouueau present qui t'est venu des Cieux.
,, Vn legitime bruit me donne autant de charmes
,, Qu'en eut ce bel objet pour qui tu fonds en larmes:
,, Heureuse en mon Destin, s'ils sont assez puissans
,, Pour prendre à l'auenir l'Empire de tes sens.
A ces mots, elle met la main dessus sa Lyre
Qui l'assistoit tousiours à plaindre son martyre.
Mais luy, qui dans son mal ne peut gouster de bien,
La repousse du bras sans luy respondre rien.
Et tenant à rigueur ce deuot sacrifice
Se remet à chanter l'obseque d'Euridice.
O dangereux effet d'vn insolent mespris
Qui remplit de Colere vn cœur d'amour épris,
Iamais fiere Tigresse aux forests d'Armenie,
Ne fit voir tant d'ardeur & tant de felonnie,
Alors qu'ayant suiui la piste du Chasseur,
Elle attaint de ses Fans le cruel rauisseur.
Iamais Aspic superbe aux beaux iours de l'année,
Ne fit voir tant de trais d'vne rage obstinée

LA LYRE

Alors que du Passant la vieille inimitié
A meurtry deuant luy sa fidelle moitié.
Rien peut-il egaler la colere embrasée
D'vne Beauté superbe, amante, & mesprisée?
Le despit est si grand dont son cœur est attaint
Qu'il enflame à la fois & ses yeux & son teint,
Elle s'en mord la leure auecque violence
Grauant dans ce rubis son desir de vangeance.
Rien ne peut moderer ce furieux transport,
Desja de ce qu'elle ayme, elle a conclu la mort;
Et desja sur le champ la main de cette belle
Excecute sur luy sa sentence cruelle.
Son Thyrse en la poitrine elle veut luy cacher;
Mais le coup destourné, porte sur le Rocher,
Le bois vole en eclats, & la Nimphe auec larmes
Ne se void point vangée & se trouue sans armes;
La terre en offre encore à son iuste couroux,
Pour contenter sa rage elle prend des cailloux;
Mais son bel ennemy n'en reçoit point d'offence
Car sa Lyre & sa voix armés pour sa deffence,
Suspendent chaque pierre, & par enchantement
La font deuant ses pieds tomber tout doucement.
Lors la Nimphe enragée, au desespoir reduite,
De peur des Animaux à la fin prend la fuite;
En blasphemant le Ciel & le cœur inhumain
Qu'elle n'a peu blesser des yeux ny de la main.
   Luy par cette merueille eschapé de l'Orage,
De l'effet de sa voix sent grossir son courage;

Et s'asseure desia de veincre son malheur
S'il peut bien apliquer ce charme à sa douleur.
Deslors d'vn doux espoir son ame ensorcelée,
Pense voir des Enfers sa Moitié r'apelée :
Il leue chaque Pierre auec rauissement,
Et flate ses desirs de ce raisonnement.
,,Puis que les doux recits de ma fidelle flame
,,Ont bien eu ce pouuoir dessus des corps sans ame,
,,Sçachnos si la vertu de nos charmans acords
,,Aura quelque pouuoir sur des esprits sans corps :
,,Alons voir des Enfers la demeure effroyable,
,,Et tâchons d'adoucir leur Prince impitoyable.

La nuit, au cours de l'Ebre il se purifia;
Inuoca Proserpine, & luy sacrifia
Vne noire brebis, vieille, sterile, etique,
De lait doux arosée, & puis de miel Atique
Lors qu'il eut de son sang, apres le coup mortel,
Remply toute vne fosse à costé de l'Autel :
Tandis que d'vne voix humble, basse & plaintiue,
Il conjuroit la Lune à cet Acte attentiue.

Aussi tost qu'il fust iour, pour aler chez les morts,
D'vn long manteau volant il se couurit le corps.
La couleur en estoit de la feuille qui vole
Lors que le vent du Nord tous les Arbres desole;
Le dessous estoit vert montrant qu'en son malheur
Quelqu'espoir se ioignoit encore à sa douleur.

b iiij

Par les bouts d'vne escharpe, auec art estenduë,
A deux agrafes d'or sa Lyre estoit penduë
Ce Cedre resonnant, ce bois melodieux,
Dont il sçauoit charmer les hommes & les Dieux.

 A costé du Tenare vne large ouuerture
Vomit incessamment vne fumée obscure;
Et cette Grotte assise en ces affreux deserts
Est vn fameux chemin pour descendre aux Enfers,
Ce fut par cet endroit que cet Amant fidelle
Osa bien s'introduire en la nuit eternelle,
Et mesme sans frayeur, deualer en des lieux
Où n'arriua jamais la lumiere des Cieux.

 Chastes & doctes Sœurs, Muses qui le suiuistes
Et qui dans ce dessein dignement le seruistes;
Dites-moy la façon dont il paruint là bas,
Combien il rencontra d'obstacles sur ses pas?
Combien de cris siflans & de clameurs funebres
Perçoient l'espaise horreur de ces moites tenebres?
Combien de noirs Serpens & d'Hydres furieux
De Dragons & de Sphinx erroient deuant ses yeux;
De Chimeres en feu, de Scylles aboyantes
De Fantosmes glacez, & de Larues sanglantes?
Les bleds d'vn vaste champ par les vents agitez,
Paroissent moins nombreux & sont plus arrestez.
Mais sans espouuenter de ces fresles images,
Nostre Amant arriua sur les sombres riuages,

Et contre tant de cris & tant de vains abois,
N'opoſa que ſa Lyre & le ſon de ſa voix.

Caron qui le receut en ſa Barque funeſte,
Creut d'abord que c'eſtoit le Meſſager celeſte;
Le beau Cylenien, de la Lyre inuenteur,
Et qui de la Muſique eſt ſi grand amateur.
Ce Vieillard tout enſemble affreux & venerable,
Fit à ce rare Chantre vn acueil fauorable,
Et trauerſant le fleuue auec contentement,
Pour mieux gouſter ſa voix, rama fort lentement.
Cerbere pour ouïr de ſi douces merueilles,
Fermant ſes trois goſiers, ouurit ſes ſix oreilles
Et ſentit arriuer vn ſommeil gracieux
Qui ne s'eſtoit iamais poſé deſſus ſes yeux.

Vn vaſte Amphiteaſtre au centre de la Terre,
Fremiſt inceſſamment des horreurs qu'il enſerre :
Là ſur mille Rochers, hurlent les criminels,
Que Minos abandonne aux tourmens eternels.
Là dans mille bacins pouſſans des jets de flames,
Et vn confus deſordre on void plonger les ames.
Les eſprits malheureux, l'vn ſur l'autre entaſſez,
Qu'on precipite apres dans des Eſtangs glacez.
Là tout ce que les ſens ont eu plus en hayne
Leur donne ſans relaſche vne cruelle geine;
La Nature y friſſonne à l'objet du tourment
Qui n'eſt pas ſuportable & dure inceſſamment.

Et tousiours en secret leur triste souuenance,
Leur desir sans effet, comme sans esperance,
Leur remors inutile en ces derniers malheurs,
Et leur rage immortelle augmentent leurs douleurs.

 Et cette large enceinte où regne l'infortune
S'esleue de Pluton la superbe Tribune
Où souuent il preside en ce triste manoir
Sur vn Throsne d'acier tout emaillé de noir,
Si tost qu'il eut appris qu'auec impatience
Vn illustre mortel demandoit audience ;
Il s'y vint presenter d'Ombres acompagné,
Le poil tout en desordre & le front renfrongné ;
Ce front dont la fierté pleine de vehemence,
Montre assez de son cœur la barbare inclemence.

 Mais cependant qu'il fait des signes de la main
Pour imposer silence au peuple fresle & vain ;
Nostre Chantre sacré qu'vn feu celeste inspire,
Retaste doucement les cordes de sa Lyre,
S'enquiert auec ses doits si tout est bien d'acord
Pour gagner vne Palme où triomphe la Mort.
 Il voulut commencer par vn certain prelude
Plain de beaucoup de grace & de beaucoup d'estude,
D'excellens contrepoints, simples & figurez,
Des meslanges de sons vistes & moderez,
Où sa main s'egayant par de diuerses classes,
Forme auecque sa voix des fugues & des chasses.

Sa voix tantost est forte, & tantost ne l'est pas,
Elle monte bien haut, puis descend bien bas;
Tantost elle gemist, tantost elle soûpire,
Ou prend quelque repos, pour prendre plus d'empire;
Produit auec merueille en ces beaux mouuemens,
Du graue & de l'aygu de doux temperamens;
Et jointe aux nerfs parlans dont elle est secondée
Cherche des beaux acords la plus parfaite Idée.

Cette aymable armonie imite le serpent,
Ondoye à longs replis, se retire & s'estend,
Et dans ces roulemens, d'vn artifice extresme,
Se quite, se reprend, sort & r'entre en soy-mesme;
Tandis que par l'oreille elle espand vn poison
Qui se glisse dans l'ame & trouble la raison.
Tantost elle languist, & tantost elle esclate,
Repousse, tance, & fuit; r'apelle, rappaise & flate:
Esmeut comme il luy plaist la crainte, ou le desir,
Assoupit la douleur, reueille le plaisir,
Et soit quelle se hausse, ou quelle s'adoucisse,
Quelle croisse en vigueur, ou quelle s'alentisse,
Tousiours des malheureux elle alege les fers,
Et loge vn Paradis au milieu des Enfers.

Si tost qu'il s'apperceut qu'on luy prestoit silence,
Et que de ses acords on goustoit l'excellence;
Voicy comme il mesla d'vne docte façon
Sa priere à sa plainte, en sa triste chanson.

C

Voicy de quelle ſorte il forma ſa Harangue
Où ſon cœur affligé ſe fondit ſur ſa langue;
Et faiſant éclater ſes mortelles langueurs,
Répandit la pitié dans tous les autres cœurs.

MOnarque redouté qui regnes ſur les Ombres,
Ie ne ſuis pas venu deſſus ces riues ſombres,
Pour enleuer ton Septre & me faire Empereur
  De ces lieux plains d'horreur.

En mon pieux deſſein ie n'ay point d'autres armes,
Que les gemiſſemens, les ſouſpirs & les larmes,
Auec tous les ennuys dont peut eſtre chargé
  Vn Amant affligé.

Auſſi ie ne deſcen dans ce grand precipice,
Que pour te demander ma fidelle Euridice
Que la Parque rauit à mes chaſtes amours,
  En la fleur de ſes jours.

O Dieux! ie la perdis en la mesme journée
Qui nous auoit rengez sous le joug d'Hymenée;
Au lieu d'entrer au lit, ce Chef-d'œuure si beau
    Entra dans le Tombeau!

Cette jeune Beauté par les vertes campagnes,
S'égayoit en courant auecque ses Compagnes,
Lors qu'elle rencontre l'Autheur de son trespas
    Caché dessous ses pas.

Un Serpent plus cruel que ceux de tes Furies,
Qui mesloit son email à celuy des prairies,
D'vn trait enuenimé la mit dans le cercueil,
    Et moy dans ce grand dueil.

Helas! ie la treuuay telle qu'est vne souche,
En vain i'alay poser mes leures sur sa bouche,
Car desia les esprits, de ses membres gelez,
    S'en estoient enuolez.

LA LYRE

Que deuins-je à l'objet de sa pasleur mortelle ?
Ie fus si fort surpris & ma douleur fut telle
Qu'il faut estre sçauant en l'art de bien aimer
    Pour le bien exprimer.

Depuis cette cruelle & fatale auanture,
I'ay tousiours de mes pleurs moüillé sa sepulture,
Sans pouuoir faire treue auecque mes ennuis
    Ny les iours ny les nuicts,

Amour importuné de mes plaintes funebres
M'esclairant de sa flame à trauers des tenebres,
Par ton secret auis m'a fait venir icy
    Te conter mon soucy,

Tu cognois le pouuoir de sa secrete flame,
Si le bruit n'est menteur, elle embrasa ton ame
Lors que dans la Sicile, vn Miracle des Cieux
    Parut deuant tes yeux.

On dit qu'en obseruant sa grace nompareille,
Tu fremis dans ton char d'amour & de merueille:
Et que tu n'as rauy cette ieune Beauté
  Qu'apres l'auoir esté.

S'il te souuient encor de ces douces atteintes,
Pren pitié de mes maux, pren pitié de mes plaintes
Et fay bien tost cesser auecque mes douleurs,
  Mes soûpirs & mes pleurs.

Ie t'en viens conjurer par ton Palais qui fume
Par le nytre embrasé, le souffre & le bitume,
De ces fleuues bruslans & de ces noirs Palus
  Qu'on ne repasse plus,

Par les trois noires Sœurs, ces Compagnes cruelles
Qui portent l'espouuente & l'horreur auec elles;
Et qui tiennent tousiours leurs cheueux herissez
  D'Aspics entrelacez.

c iij

Par l'auguste longueur de ton poil qui grisonne,
Par l'esclat incertain de ta rouge Couronne,
Et par la Majesté du vieux Sceptre de fer
  Dont tu regis l'Enfer.

Ren-moy mon Euridice, & fay qu'à ma priere
Elle revoye encore une fois la lumiere;
Faisant ressusciter par ses embrassemens,
  Tous mes contentemens.

Ie ne demande pas qu'en renoüant sa trame,
Pour des siecles entiers on rejoigne son ame
A cet aymable corps cruellement blessé.
  Qu'elle a si tost laissé.

Seulement, qu'elle viue autant qu'une personne
Dont la complexion se rencontre assez bonne,
Et qui par trop d'excez ne precipite pas.
  L'heure de son trespas.

Sans cesse les humains en tes Estats decendent,
Par cent chemins diuers à toute heure ils s'y rendent,
Et nul homme viuant quoy qu'il puisse inuenter,
   Ne s'en peut exempter.

Quand nous aurons ensemble acomply les années
Que nous aura marqué la loy des Destinées,
Nous viendrons pour iamais en cet obscur sejour
   Demeurer à ta Cour.

Laisse moy donc la haut ramener cette belle,
Ou permets qu'icy bas ie demeure auec elle,
I'auray peu de regret au bien de la clarté
   Pres de cette Beauté.

Les graces d'Euridice à mes yeux exposées,
Me tiendront tousiours lieu des doux champs Elisées,
Et pour moy, son abscence a des feux & des fers
   Pires que les Enfers.

Au son de cette voix, des esprits respectée,
Ixyon pour vn temps vid sa rouë arrestée.
Sysiphe en oublia de tenir son rocher,
Tantale cette soif qu'il ne peut estancher ;
Et les cruelles Sœurs, les fieres Danaïdes,
Ne s'apperceurẽt pas que leurs seaux estoient vuides:
Tytie en ces douceurs abysmant son ennuy,
Sentit moins sa douleur que la peine d'autruy :
Et l'immortel Vaultour qui luy ronge le foye,
Suspendit ses rigueurs, touché de mesme joye.
La Parque en ces Cyseaux, Ministres du trespas
Tint vn fil deuidé, qu'elle ne trancha pas ;
Tandis que cette voix, dont elle estoit rauie,
Auec tant de douceur demandoit vne vie.

Rien ne sceut resister à la compassion,
Tout se trouua touché de cette emotion,
Et les Esprits sans corps amolis par ces charmes,
Eux qui n'ont point de sang en verserent des larmes.
Mais leur impitoyable & cruel Souuerain
Qui comme son Palais, a le cœur tout d'ayrain ;
Luy qui se rit des maux qu'on luy peut faire entendre
Ne sceut parer les traits d'vne pitié si tendre,
Et de ses tiedes pleurs moüilla le poil chenu,
Que l'on void herisser sur son estomach nu.
Il pleura l'implacable, & d'vn signe de teste,
Accorda sur le champ cette juste requeste.
Euridice parut par son commandement,
Et vint jetter ses bras au col de son Amant ;

DV St TRISTAN.

Qui transporté d'amour dans cette joye extresme,
Ne se peut retenir de l'embrasser de mesme.
  Heureux en ses Destins, s'il se fust maintenu
Dans un ressentiment vn peu plus retenu;
Il auroit preserué le sujet de sa flame,
Du second coup donné sur sa seconde trame.
Mais son desir actif, ennemy de son bien,
Fit qu'en obtenant tout, il ne posseda rien.
Il ne peut accomplir la seuere ordonnance,
De marcher deuant elle à trauers du silence,
Sans que sur son visage il détournât ses yeux
Iusqu'à ce qu'il eust veu la lumiere des Cieux.
De son impatience il ne sceut estre maistre,
Et la voyant trop tost, il la fit disparestre;
Elle fut ramenée en ce funeste lieu,
,, Et n'eust rien que le temps de luy crier, Adieu,
,, Adieu charmant Orphée, adieu ma chere vie,
,, C'est enfin pour jamais que ie te suis rauie.
,, Par ce transport d'amour, tout espoir m'est osté
,, De reuoir du Soleil l'agreable clarté.
,, Ta curiosité trop peu consideree,
,, Me remet dans les fers dont tu m'auois tirée.
,, Pourquoy du vieux Minos n'as-tu gardé les loix,
,, Et temperé tes yeux aussi bien que ta voix ?
,, O faute sans remede! ô dommageable veuë!
,, Auec trop de trauaux tu m'auois obtenuë :
,, Mais ie pren tes regards & ma fuite à tesmoin,
,, Que tu m'as conseruée auec trop peu de soin.

d

,, *Que di-je toutefois ? mon iugement s'égare,*
,, *Puisque c'est seulement ton soin qui nous separe :*
,, *Tu craignois de me perdre en cette sombre horreur,*
,, *Et cette seule crainte a produit ton erreur :*
,, *De ton affection ma disgrace est éclose,*
,, *Et si i'en hay l'effet, i'en dois aymer la cause.*
,, *Encore que tes yeux me donnent le trespas,*
,, *Cette attainte me tuë, & ne me blaisse pas :*
,, *Ta foy, charmant Espoux, n'en peut estre blâmée,*
,, *Tu n'aurois point failly si i'estois moins aymée :*
,, *Ie me dois consoller de ne voir plus le iour*
,, *Puisque c'est par vn trouble ou i'ay veu ton amour.*
,, *Console toy de mesme, & ne pas point ma cendre*
,, *Dans les torrens de pleurs que tu pourrois espandre :*
,, *Ne va point abreger le beau fil de tes iours,*
,, *Les Destins assez tost en borneront le cours.*
,, *Le Ciel est equitable, il nous fera iustice ;*
,, *Tu te verras encore auec ton Euridice :*
,, *Si l'Enfer ne me rend, la Parque te prendra,*
,, *L'Amour nous des-vnist, la Mort nous rejoindra,*
,, *Il faudra que le Sort à la fin nous r'assemble*
,, *Et nous aurons le bien d'estre à iamais ensemble.*
Ces doux & tristes mots à peine elle acheua
Que comme vn tourbillon quelqu'esprit l'enleua.

 Le timide Berger qu'vn esclat de tonnerre,
Du vent de sa passée a jetté contre terre ;
Et qui void de ce coup vn Chesne terracé,
Au prix de cet Amant n'a point le sang glacé.

DV Sr TRISTAN.

Celuy de qui la voix sceut animer les marbres,
Retenir les Torrens, faire marcher les Arbres,
Et mesme retirer les morts du monument,
Se treuue à cette voix, priué de sentiment.
La merueille est si grande où ce malheur le plonge
Qu'il en mescroit ses sens, & le tient pour vn songe,
Pour vn Fantosme vain de ses vœux ennemy,
Et tasche à s'éueiller comme vn homme endormy;
Puis comme il recognoist sa disgrace plus vraye,
Son cœur se sent percé d'vne mortelle playe;
Il tombe de son haut, de foiblesse & d'ennuy,
S'accuse de sa perte, & s'en vange sur luy.
Mettant cruellement ses ongles en vsage,
Il en punist son poil, ses yeux, & son visage;
Abandonne son ame à ses viues doleurs,
Esclate en crys percants: & se desbonde en pleurs.

En vain pour adoucir cette dure sentence,
Il veut de son erreur faire la penitence:
Il a beau s'affliger, conjurer, & prier,
Il ne gaigne qu'vn reume à force de crier;
Et n'ayant plus de voix pour forcer le passage,
Il perd en mesme temps l'espoir & le courage.

www.ingramcontent.com/pod-product-compliance
Lightning Source LLC
Chambersburg PA
CBHW071724230426
43670CB00008B/1110